# VAN DUISTERNIS NAAR HEERSCHAPPIJ:
## 40 dagen om te ontsnappen aan de verborgen greep van de duisternis

### Een wereldwijde toewijding aan bewustzijn, bevrijding en kracht

Voor individuen, gezinnen en naties die klaar zijn om vrij te zijn

Door

Zacharias Godseagle; Ambassador Monday O. Ogbe and Comfort Ladi Ogbe

# Inhoudsopgave

Copyrightpagina .................................................................. 1
Over het boek – VAN DUISTERNIS NAAR HEERSCHAPPIJ ............ 3
Tekst op de achterkant ......................................................... 6
Mediapromotie van één alinea (pers/e-mail/advertentietekst) ...... 7
Toewijding .......................................................................... 9
Dankbetuigingen ................................................................ 10
Aan de lezer ...................................................................... 12
Hoe dit boek te gebruiken ................................................... 14
Voorwoord ........................................................................ 17
Voorwoord ........................................................................ 19
Invoering .......................................................................... 21
HOOFDSTUK 1: OORSPRONG VAN HET DUISTER KONINKRIJK ..................................................................... 24
HOOFDSTUK 2: HOE HET DUISTERE KONINKRIJK VANDAAG WERKT ............................................................. 27
HOOFDSTUK 3: INSTAPNUNTEN – HOE MENSEN VERSLAAFD RAKEN ............................................................ 30
HOOFDSTUK 4: MANIFESTATIES – VAN BEZITTING TOT OBSESSIE ......................................................................... 32
HOOFDSTUK 5: DE KRACHT VAN HET WOORD – HET GEZAG VAN GELOVIGEN ........................................................ 35
DAG 1: BLOEDLIJNEN & POORTEN — HET VERBREKEN VAN FAMILIEKETENS ................................................................ 38
DAG 2: DROOMINVASIES — ALS DE NACHT EEN SLAGVELD WORDT ............................................................................. 41
DAG 3: SPIRITUELE ECHTGENOTEN — ONHEILIGE VERENIGINGEN DIE BESTEMMINGEN BINDEN .......................... 44
DAG 4: VERVLOEKTE VOORWERPEN – DEUREN DIE BESCHADIGING VEROORZAKEN .............................................. 47
DAG 5: BETOVERD EN BEDROGEN — BEVRIJD VAN DE GEEST VAN WAARZEGGERIJ ............................................................ 50
DAG 6: POORTEN VAN HET OOG – HET SLUITEN VAN DE PORTALEN VAN DUISTERNIS ...................................................... 53

DAG 7: DE KRACHT ACHTER NAMEN — HET AFZIEN VAN ONHEILIGE IDENTITEITEN ..................... 56
DAG 8: ONTMASKER VAN VALS LICHT — NEW AGE VALLEN EN ENGELENBEDRIEGINGEN ..................... 59
DAG 9: HET ALTAAR VAN BLOED — VERBONDEN DIE EEN LEVEN EISEN ..................... 62
DAG 10: ONBAARHEID EN GEBROKENHEID — ALS DE BAARMOEDER EEN SLAGVELD WORDT ..................... 65
DAG 11: AUTO-IMMUUNSTOORNISSEN EN CHRONISCHE VERMOEIDHEID — DE ONZICHTBARE OORLOG VAN BINNENUIT ..................... 69
DAG 12: EPILEPSIE & MENTALE KWETSBAARHEID — ALS DE GEEST EEN SLAGVELD WORDT ..................... 73
DAG 13: GEEST VAN ANGST — HET DOORBREKEN VAN DE KOOI VAN ONZICHTBARE KWELLING ..................... 76
DAG 14: SATANISCHE MERKNAAM — HET ONHEILIGE MERK UITWISSEN ..................... 79
DAG 15: HET SPIEGELRIJK — ONTSNAPPEN UIT DE GEVANGENIS VAN REFLECTIES ..................... 83
DAG 16: DE BAND VAN WOORDVLOEKEN VERBREKEN — JE NAAM, JE TOEKOMST TERUGVRAGEN ..................... 87
DAG 17: BEVRIJDING VAN CONTROLE EN MANIPULATIE ... 91
DAG 18: DE MACHT VAN ONVERGEVINGSGEVOEL EN BITTERHEID DOORBREKEN ..................... 94
DAG 19: GENEZING VAN SCHAAMTE EN VEROORDELING . 98
DAG 20: HUISHOUDELIJKE HEKSERIJ — ALS DE DUISTERNIS ONDER HETZELFDE DAK LEEFT ..................... 102
DAG 21: DE JEZEBEL-GEEST — VERLEIDING, CONTROLE EN RELIGIEUZE MANIPULATIE ..................... 106
DAG 22: PYTHONS EN GEBEDEN — HET DOORBREKEN VAN DE GEEST VAN BEPERKING ..................... 110
DAG 23: TROONEN VAN ONRECHT — HET VERNIETIGEN VAN TERRITORIALE BOLWERKEN ..................... 113
DAG 24: ZIELSFRAGMENTEN — WANNEER ER DELEN VAN JEZELF ONTBREKEN ..................... 116

DAG 25: DE VLOEK VAN VREEMDE KINDEREN — ALS HET BESTEMMINGSVERSCHIL BIJ DE GEBOORTE WORDT UITGEWISSELD ...... 119

DAG 26: VERBORGEN ALTAAR VAN MACHT — VRIJBREKEN VAN ELITE OCCULTISCHE VERBONDEN ...... 123

DAG 27: ONHEILIGE ALLIANTIES — VRIJMETSELARIJ, ILLUMINATI & SPIRITUELE INFILTRATIE ...... 126

DAG 28: KABBALAH, ENERGIE-RASTERS & DE LOKRACHT VAN MYSTIEK "LICHT" ...... 130

DAG 29: DE ILLUMINATI SLUIER — HET ONTMASKEREN VAN DE ELITE OCCULTE NETWERKEN ...... 133

DAG 30: DE MYSTERIESCHOOLS — OUDE GEHEIMEN, MODERNE SLIJM ...... 136

DAG 31: KABBALA, HEILIGE GEOMETRIE & ELITE LICHTBEDROG ...... 140

DAG 3 2: DE SLANGGEEST BINNENIN — ALS DE VERLOSSING TE LAAT KOMT ...... 144

DAG 33: DE SLANGGEEST BINNENIN — ALS DE VERLOSSING TE LAAT KOMT ...... 148

DAG 34: VRIJMETSELAARS, CODES & VLOEKEN — Wanneer broederschap slavernij wordt ...... 152

DAG 35: HEKSEN IN DE KERKBANKEN — ALS HET KWAAD DOOR DE KERKDEUREN BINNENKOMT ...... 156

DAG 36: GECODEERDE SPREUK — ALS LIEDJES, MODE EN FILMS PORTALEN WORDEN ...... 160

DAG 37: DE ONZICHTBARE ALTAAR VAN MACHT — VRIJMETSELAARS, KABBALA EN OCCULTE ELITES ...... 164

DAG 38: BAARMOEDERVERBONDEN EN WATERKONINKRIJKEN — WANNEER HET BESTEMMING VÓÓR DE GEBOORTE BESMET WORDT ...... 168

DAG 39: WATER GEDOOPT IN SLACHTOFFERHEID — HOE ZUIGELINGEN, INITIALEN EN ONZICHTBARE VERBONDEN DEUREN OPENEN ...... 173

DAG 40: VAN BEVRIJD TOT BEVRIJDER — UW PIJN IS UW BESTELLING ...... 178

360° DAGELIJKSE VERKLARING VAN BEVRIJDING & HEERSCHAPPIJ – Deel 1 .................................................................. 181
360° DAGELIJKSE VERKLARING VAN BEVRIJDING & HEERSCHAPPIJ – Deel 2 .................................................................. 183
360° DAGELIJKSE VERKLARING VAN BEVRIJDING & HEERSCHAPPIJ - Deel 3 .................................................................. 187
CONCLUSIE: VAN OVERLEVEN NAAR ZOONSCHAP — VRIJ BLIJVEN, VRIJ LEVEN, ANDEREN BEVRIJDEN .................. 191
   Hoe je wedergeboren kunt worden en een nieuw leven met Christus kunt beginnen .......................................................................................... 194
     Mijn reddingsmoment ........................................................................ 196
     Certificaat van nieuw leven in Christus ............................................ 197
     Maak contact met Gods Eagle Ministries ........................................ 198
   AANBEVOLEN BOEKEN EN HULPMIDDELEN ........................ 200
   BIJLAGE 1: Gebed om verborgen hekserij, occulte praktijken of vreemde altaren in de kerk te ontdekken ........................................................... 214
   BIJLAGE 2: Protocol voor mediaverzaking en -reiniging ................ 215
   BIJLAGE 3: Vrijmetselarij, Kabbala, Kundalini, Hekserij, Occulte Verzaking Script ......................................................................................... 216
   BIJLAGE 4: Gids voor het activeren van zalfolie ............................. 217
   BIJLAGE 6: Videobronnen met getuigenissen voor spirituele groei ...... 218
   LAATSTE WAARSCHUWING: Je kunt hier niet mee spelen ............ 219

# Copyrightpagina

**V**AN DUISTERNIS NAAR HEERSCHAPPIJ: 40 dagen om te ontsnappen aan de verborgen greep van de duisternis – Een wereldwijde overdenking van bewustzijn, bevrijding en kracht

door Zacharias Godseagle , Comfort Ladi Ogbe & Ambassadeur Maandag O. Ogbe

Copyright © 2025 door **Zacharias Godseagle en God's Eagle Ministrie** s – GEM

Alle rechten voorbehouden.

Niets uit deze publicatie mag worden verveelvoudigd, opgeslagen in een geautomatiseerd gegevensbestand, of openbaar gemaakt in welke vorm of op welke wijze dan ook — elektronisch, mechanisch, door fotokopieën, opnamen, scans of op enige andere manier — zonder voorafgaande schriftelijke toestemming van de uitgevers, met uitzondering van korte citaten in kritische artikelen of recensies.

Dit boek is een non-fictief en devotioneel werk. Sommige namen en identificerende details zijn waar nodig gewijzigd om privacyredenen.

**Schriftcitaten** zijn afkomstig uit:

- *New Living Translation (NLT)* , © 1996, 2004, 2015 door Tyndale House Foundation. Gebruikt met toestemming. Alle rechten voorbehouden.

Omslagontwerp door GEM TEAM
Interieurontwerp door GEM TEAM
Gepubliceerd door:
**Zacharias Godseagle & God's Eagle Ministries – GEM**
www.otakada.org [1] | ambassador@otakada.org
Eerste editie, 2025

---

1. http://www.otakada.org

Gedrukt in de Verenigde Staten van Amerika

# Over het boek – VAN DUISTERNIS NAAR HEERSCHAPPIJ

VAN DUISTERNIS NAAR HEERSCHAPPIJ: 40 dagen om te ontsnappen aan de verborgen greep van de duisternis - *Een wereldwijde overdenking van bewustzijn, bevrijding en kracht - Voor individuen, gezinnen en naties die klaar zijn om vrij te zijn* is niet zomaar een devotioneel moment - het is een wereldwijde bevrijdingsbijeenkomst van 40 dagen voor **presidenten, premiers, predikanten, kerkmedewerkers, CEO's, ouders, tieners en alle gelovigen** die weigeren in een stille nederlaag te leven.

Deze krachtige, 40-daagse overdenking gaat over *geestelijke strijd, bevrijding van voorouderlijke altaren, het verbreken van zielsbanden, blootstelling aan occulte zaken en wereldwijde getuigenissen van ex-heksen, voormalige satanisten* en mensen die de krachten van de duisternis hebben overwonnen.

Of u nu **een land leidt**, **een kerk leidt**, **een bedrijf runt** of **in de beslotenheid van uw gebedsruimte voor uw gezin vecht**, dit boek zal onthullen wat verborgen is geweest, confronteren wat genegeerd is en u de kracht geven om u te bevrijden.

**Een 40-daagse wereldwijde devotionele over bewustzijn, bevrijding en kracht**

Op deze pagina's vindt u:

- Bloedlijnvloeken en voorouderlijke verbonden
- Spirituele echtgenoten, zeegeesten en astrale manipulatie
- Vrijmetselarij, Kabbala, kundalini-ontwakingen en hekserijaltaren
- Kinderwijdingen, prenatale inwijdingen en demonische dragers
- Media-infiltratie, seksueel trauma en zielsfragmentatie
- Geheime genootschappen, demonische AI en valse

herlevingsbewegingen

Elke dag bevat:
- *Een waargebeurd verhaal of een wereldwijd patroon*
- *Inzichten gebaseerd op de Schrift*
- *Toepassingen voor groepen en personen*
- *Bevrijdingsgebed + reflectiedagboek*

**Dit boek is voor jou als je:**

- Een **president of beleidsmaker** die op zoek is naar geestelijke helderheid en bescherming voor uw land
- Een **voorganger, voorbidder of kerkelijk werker** die strijdt tegen onzichtbare krachten die groei en zuiverheid tegenhouden
- Een **CEO of bedrijfsleider** die te maken krijgt met onverklaarbare oorlogsvoering en sabotage
- Een **tiener of student** die geplaagd wordt door dromen, kwelling of vreemde gebeurtenissen
- Een **ouder of verzorger** die spirituele patronen in uw bloedlijn opmerkt
- Een **christelijke leider** die moe is van eindeloze gebedscycli zonder doorbraak
- Of gewoon een **gelovige die klaar is om van overleven naar overwinnende heerschappij te gaan**

**Waarom dit boek?**

Want in een tijd waarin de duisternis het masker van licht draagt, **is verlossing niet langer een optie**.

En **de macht behoort toe aan de geïnformeerden, de toegerusten en de overgegevenen**.

**Geschreven door Zacharias Godseagle , Ambassadeur Monday O. Ogbe en Comfort Ladi Ogbe** , dit is meer dan alleen onderricht. Het is een **wereldwijde wake-upcall** voor de kerk, het gezin en de naties om op te staan en terug te vechten. Niet uit angst, maar met **wijsheid en gezag**.

Je kunt niet discipelen wat je niet hebt overgedragen. En je kunt niet in heerschappij wandelen totdat je je bevrijdt uit de greep van de duisternis.

Doorbreek de cirkel. Confronteer het verborgene. Neem je lot terug – dag voor dag.

# Tekst op de achterkant

**VAN DUISTERNIS NAAR HEERSCHAPPIJ**
40 dagen om te ontsnappen aan de verborgen greep van de duisternis

*Een wereldwijde overdenking van bewustzijn, bevrijding en kracht*

Bent u een **president**, een **voorganger**, een **ouder** of een **biddende gelovige** die wanhopig verlangt naar blijvende vrijheid en doorbraak?

Dit is niet zomaar een devotioneel verhaal. Het is een 40-daagse wereldwijde reis door de onzichtbare slagvelden van **voorouderlijke verbonden, occulte slavernij, zeegeesten, zielsfragmentatie, media-infiltratie en meer**. Elke dag onthult echte getuigenissen, wereldwijde manifestaties en bruikbare bevrijdingsstrategieën.

Je zult ontdekken:

- Hoe spirituele poorten worden geopend en hoe ze gesloten kunnen worden
- De verborgen wortels van herhaaldelijk uitstel, kwelling en slavernij
- Krachtige dagelijkse gebeden, reflecties en groepstoepassingen
- **heerschappij** kunt komen, niet alleen in bevrijding

Van **hekserijaltaren** in Afrika tot **New Age-bedrog** in Noord-Amerika... van **geheime genootschappen** in Europa tot **bloedverbonden** in Latijns-Amerika - **dit boek legt het allemaal bloot**.

**VAN DARKNESS NAAR DOMINION** is uw routekaart naar vrijheid, geschreven voor **pastors, leiders, gezinnen, tieners, professionals, CEO's** en iedereen die het zat is om oorlog te voeren zonder overwinning.

Je kunt niet discipelen wat je niet hebt overgedragen. En je kunt niet in heerschappij wandelen totdat je je bevrijdt uit de greep van de duisternis.

# Mediapromotie van één alinea (pers/e-mail/ advertentietekst)

DARKNESS TO DOMINION: 40 Days to Break Free from the Hidden Grip of Darkness is een wereldwijde devotionele studie die onthult hoe de vijand levens, families en naties infiltreert via altaren, bloedlijnen, geheime genootschappen, occulte rituelen en alledaagse compromissen. Met verhalen van elk continent en beproefde bevrijdingsstrategieën is dit boek bedoeld voor presidenten en predikanten, CEO's en tieners, huisvrouwen en spirituele strijders – iedereen die wanhopig op zoek is naar blijvende vrijheid. Het is niet alleen om te lezen, het is bedoeld om ketenen te verbreken.

**Voorgestelde tags**

- devotionele verlossing
- geestelijke oorlogsvoering
- ex-occulte getuigenissen
- gebed en vasten
- het doorbreken van generatievloeken
- vrijheid van duisternis
- Christelijke geestelijke autoriteit
- zeegeesten
- kundalini-bedrog
- geheime genootschappen ontmaskerd
- 40 dagen bevrijding

**# Hashtags voor campagnes**
#DuisternisNaarHeersen
#VerlossingsDevotioneel

\#BreekDeKetens
\#VrijheidDoorChristus
\#Wereldwijd Ontwaken
\#VerborgenGevechtenBlootgesteld
\#BidOmVrij Te Zijn
\#SpiritueleOorlogsvoeringBoek
\#VanDuisternisNaarLicht
\#KoninkrijkAutoriteit
\#GeenBondageMeer
\#ExOccultTestimonies
\#KundaliniWaarschuwing
\#MarineSpiritsExposed
\#40DagenVrijheid

# Toewijding

Aan Hem die ons uit de duisternis heeft geroepen tot Zijn wonderbaarlijke licht:

**Jezus Christus**, onze Verlosser, Lichtdrager en Koning der heerlijkheid.

Voor elke ziel die in stilte schreeuwt — gevangen in onzichtbare kettingen, gekweld door dromen, gekweld door stemmen en vechtend tegen de duisternis op plekken die niemand ziet — is deze reis voor jou.

Aan de **pastors**, **voorbidders** en **wachters op de muur**,

Aan de **moeders** die de hele nacht bidden en de **vaders** die weigeren op te geven,

Aan de **jonge jongen** die te veel ziet en het **kleine meisje** dat te vroeg door het kwaad wordt getekend,

Aan de **CEO's**, **presidenten** en **besluitvormers** die onzichtbare lasten dragen achter de openbare macht,

Aan de **kerkelijk werkers** die worstelen met geheime slavernij en de **geestelijke krijger** die het aandurft terug te vechten -

**Dit is jullie oproep om op te staan.**

En aan de dapperen die hun verhalen deelden: bedankt. Jullie littekens bevrijden nu anderen.

Moge deze overdenking een pad door de schaduwen verlichten en velen leiden naar heerschappij, genezing en heilig vuur.

Je wordt niet vergeten. Je bent niet machteloos. Je bent geboren voor vrijheid.

*– Zacharias Godseagle, ambassadeur maandag O. Ogbe & Comfort Ladi Ogbe*

# Dankbetuigingen

Allereerst erkennen we **God de Almachtige – Vader, Zoon en Heilige Geest**, de Schepper van Licht en Waarheid, die onze ogen heeft geopend voor de onzichtbare strijd achter gesloten deuren, sluiers, kansels en podia. Aan Jezus Christus, onze Verlosser en Koning, geven wij alle eer.

Aan de dappere mannen en vrouwen over de hele wereld die hun verhalen over kwelling, triomf en transformatie deelden: jullie moed heeft een wereldwijde golf van vrijheid ontketend. Bedankt voor het doorbreken van de stilte.

Aan de bedieningen en wachters op de muur die op verborgen plaatsen hebben gewerkt – onderwijzend, voorbede doend, bevrijdend en onderscheidend – wij eren uw volharding. Uw gehoorzaamheid blijft bolwerken afbreken en bedrog in hoge kringen ontmaskeren.

Aan onze families, gebedspartners en ondersteuningsteams die ons steunden terwijl wij door geestelijk puin groeven om de waarheid te ontdekken: bedankt voor jullie onwankelbare geloof en geduld.

Aan onderzoekers, YouTube-getuigenissen, klokkenluiders en koninkrijksstrijders die via hun platforms de duisternis aan de kaak stellen: jullie moed heeft dit werk gevoed met inzicht, openbaring en urgentie.

Aan het **Lichaam van Christus**: dit boek is ook van u. Moge het in u een heilig voornemen wekken om waakzaam, onderscheidend en onbevreesd te zijn. Wij schrijven niet als deskundigen, maar als getuigen. Wij treden niet op als rechters, maar als verlosten.

En ten slotte, voor de **lezers van deze overdenking** – zoekers, strijders, pastors, bevrijdingspredikers, overlevenden en waarheidsliefhebbers uit alle landen – moge elke pagina u de kracht geven om **van duisternis tot heerschappij**.

– Zacharias Godseagle

– Ambassadeur maandag O. Ogbe
– Troost Ladi Ogbe

# Aan de lezer

Dit is niet zomaar een boek. Het is een oproep.
Een oproep om te ontdekken wat lang verborgen is gebleven – om de onzichtbare krachten te confronteren die generaties, systemen en zielen vormen. Of je nu een **jonge zoeker bent**, een **dominee die uitgeput is door gevechten die je niet kunt benoemen**, een **zakenman die worstelt met nachtmerries**, of een **staatshoofd dat geconfronteerd wordt met meedogenloze nationale duisternis**, deze overdenking is je **gids uit de schaduw**.

Aan het **individu**: Je bent niet gek. Wat je voelt – in je dromen, je atmosfeer, je bloedlijn – kan inderdaad spiritueel zijn. God is niet alleen een genezer; Hij is een bevrijder.

Voor je **gezin**: Deze reis van 40 dagen helpt je om patronen te identificeren die je bloedlijn al lang kwellen - verslavingen, vroegtijdige sterfgevallen, scheidingen, onvruchtbaarheid, mentale kwelling, plotselinge armoede - en geeft je de tools om deze te doorbreken.

Aan **kerkleiders en predikanten**: Moge dit een dieper onderscheidingsvermogen en moed wekken om de geestenwereld vanaf de kansel te confronteren, niet alleen vanaf het podium. Bevrijding is niet optioneel. Het maakt deel uit van de Grote Opdracht.

Aan **CEO's, ondernemers en professionals**: spirituele verbonden gelden ook in bestuurskamers. Wijd uw bedrijf toe aan God. Breek voorouderlijke altaren af die vermomd zijn als zakelijk geluk, bloedverbonden of gunsten van de vrijmetselaars. Bouw met schone handen.

Aan de **wachters en voorbidders**: jullie waakzaamheid is niet voor niets geweest. Deze hulpbron is een wapen in jullie handen – voor jullie stad, jullie regio, jullie land.

Aan **presidenten en premiers**, mocht dit ooit uw bureau bereiken: landen worden niet alleen bestuurd door beleid. Ze worden bestuurd door altaren – in het geheim of in het openbaar opgericht. Totdat de verborgen fundamenten worden aangepakt, zal vrede onbereikbaar blijven. Moge deze overdenking u aanzetten tot een generatiehervorming.

Aan de **jongeman of -vrouw** die dit in een moment van wanhoop leest: God ziet je. Hij heeft je uitgekozen. En Hij haalt je eruit – voorgoed.

Dit is jouw reis. Dag voor dag. Keten voor ketting.

**Van duisternis naar heerschappij — het is jouw tijd.**

# Hoe dit boek te gebruiken

VAN DUISTERNIS NAAR HEERSCHAPPIJ: 40 Dagen om te Ontkomen aan de Verborgen Greep van de Duisternis is meer dan een devotioneel boek – het is een handleiding voor bevrijding, een spirituele detox en een trainingskamp voor oorlogsvoering. Of je nu alleen leest, met een groep, in een kerk of als leider die anderen begeleidt, hier lees je hoe je het meeste uit deze krachtige reis van 40 dagen haalt:

**Dagelijks ritme**

Elke dag volgt een consistente structuur die u helpt om uw geest, ziel en lichaam te betrekken:

- **Belangrijkste devotionele leer** – Een onthullend thema dat verborgen duisternis blootlegt.
- **Globale context** – Hoe dit bolwerk zich over de hele wereld manifesteert.
- **Verhalen uit het echte leven** – Echte bevrijdingservaringen uit verschillende culturen.
- **Actieplan** – Persoonlijke spirituele oefeningen, verzaking of verklaringen.
- **Toepassing in groepen** – Voor gebruik in kleine groepen, gezinnen, kerken of bevrijdingsteams.
- **Belangrijk inzicht** – Een samengevatte les om te onthouden en om over te bidden.
- **Reflectiedagboek** – Vragen van het hart om elke waarheid diepgaand te verwerken.
- **Gebed om bevrijding** – Gericht gebed voor geestelijke strijd om bolwerken te doorbreken.

## Wat je nodig hebt

- Uw **Bijbel**
- Een **speciaal dagboek of notitieboekje**
- **Zalfolie** (optioneel maar krachtig tijdens gebeden)
- Bereidheid om te **vasten en te bidden** zoals de Geest leidt
- **Verantwoordingspartner of gebedsteam** voor diepere gevallen

## Hoe te gebruiken met groepen of kerken

- Kom **dagelijks of wekelijks bij elkaar** om inzichten te bespreken en samen te bidden.
- Moedig leden aan om het **reflectiedagboek in te vullen** vóór de groepssessies.
- Gebruik het gedeelte **Groepsaanvraag** om discussies, bekentenissen of gezamenlijke bevrijdingsmomenten op gang te brengen.
- Wijs getrainde leiders aan die met intensere manifestaties om kunnen gaan.

## Voor pastors, leiders en bevrijdingspredikanten

- Bespreek dagelijkse onderwerpen vanaf de kansel of tijdens bevrijdingstrainingen.
- Zorg dat uw team deze overdenking kan gebruiken als een leidraad.
- Pas secties indien nodig aan voor spirituele kaarten, opwekkingsbijeenkomsten of gebedsacties in de stad.

## Bijlagen om te verkennen

Aan het einde van het boek vindt u krachtige bonusbronnen, waaronder:

1. **Dagelijkse Verklaring van Totale Bevrijding** – Spreek dit elke ochtend en avond hardop uit.
2. **Gids voor media-renunciatie** – Ontdoe je leven van spirituele besmetting in entertainment.
3. **Gebed om verborgen altaren in kerken te ontdekken** – Voor

voorbidders en kerkelijk werkers.
4. **Vrijmetselarij, Kabbalah, Kundalini & Occulte Verzaking Script** – Krachtige gebeden van berouw.
5. **Checklist voor massale bevrijding** – Gebruik tijdens kruistochten, huisgemeenschappen of persoonlijke retraites.
6. **Getuigenisvideo-links**

# Voorwoord

Er woedt een oorlog — onzichtbaar, onuitgesproken, maar verschrikkelijk echt — die woedt in de zielen van mannen, vrouwen, kinderen, families, gemeenschappen en naties.

Dit boek is niet geboren uit theorie, maar uit vuur. Uit huilende bevrijdingskamers. Uit getuigenissen die in de schaduwen werden gefluisterd en van de daken werden geschreeuwd. Uit diepgaande studie, wereldwijde voorbede en een heilige frustratie over oppervlakkig christendom dat er niet in slaagt de **wortels van duisternis aan te pakken** die gelovigen nog steeds in de greep houden.

Te veel mensen zijn naar het kruis gegaan, maar slepen nog steeds kettingen met zich mee. Te veel voorgangers prediken vrijheid terwijl ze in het geheim gekweld worden door demonen van lust, angst of voorouderlijke verbonden. Te veel gezinnen zitten gevangen in cycli – van armoede, perversie, verslaving, onvruchtbaarheid, schaamte – en **weten niet waarom**. En veel te veel kerken vermijden het om over demonen, hekserij, bloedaltaren of bevrijding te praten, omdat het "te intens" is.

Maar Jezus vermeed de duisternis niet – Hij **confronteerde haar**.

Hij negeerde demonen niet – Hij **dreef ze uit**.

En Hij stierf niet alleen om jou te vergeven – Hij stierf om **jou te bevrijden**.

Deze 40-daagse wereldwijde overdenking is geen gewone Bijbelstudie. Het is een **spirituele operatiekamer**. Een dagboek van vrijheid. Een kaart uit de hel voor degenen die zich klem voelen zitten tussen verlossing en ware vrijheid. Of je nu een tiener bent die gebonden is aan pornografie, een First Lady die geplaagd wordt door dromen over slangen, een premier die gekweld wordt door voorouderlijke schuld, een profeet die geheime slavernij verbergt, of een kind dat ontwaakt uit demonische dromen – deze reis is voor jou.

Je zult verhalen van over de hele wereld vinden – Afrika, Azië, Europa, Noord- en Zuid-Amerika – die allemaal één waarheid bevestigen: **de duivel kent geen aanzien des persoons** . Maar God evenmin. En wat Hij voor anderen heeft gedaan, kan Hij ook voor jou doen.

Dit boek is geschreven voor:

- **Individuen** die op zoek zijn naar persoonlijke bevrijding
- **Gezinnen** die behoefte hebben aan generatiegenezing
- **Pastors** en kerkelijk werkers die toegerust moeten worden
- **Bedrijfsleiders** navigeren door geestelijke strijd op hoge plaatsen
- **Naties** schreeuwen om ware herleving
- **Jongeren** die onbewust deuren hebben geopend
- **Bevrijdingspredikers** die structuur en strategie nodig hebben
- En zelfs **degenen die niet in demonen geloven** – totdat ze hun eigen verhaal op deze pagina's lezen

Je zult uitgedaagd worden. Je zult uitgedaagd worden. Maar als je op het pad blijft, zul je ook **getransformeerd worden** .

Je gaat je niet zomaar bevrijden.

Je gaat **in heerschappij wandelen** .

Laten we beginnen.

— *Zacharias Godseagle* , *Ambassadeur Monday O. Ogbe en Troost Ladi Ogbe*

# Voorwoord

Er is een beroering in de volken. Een beving in de geestenwereld. Van kansels tot parlementen, van huiskamers tot ondergrondse kerken, overal worden mensen zich bewust van een huiveringwekkende waarheid: we hebben de reikwijdte van de vijand onderschat – en we hebben de autoriteit die we in Christus dragen, verkeerd begrepen.

*Van Duisternis naar Heerschappij* is niet zomaar een devotioneel boek; het is een klaroengeschal. Een profetische handleiding. Een reddingslijn voor de gekwelden, de gebondenen en de oprechte gelovigen die zich afvragen: "Waarom zit ik nog steeds in ketenen?"

Als getuige van opwekking en bevrijding in verschillende landen weet ik uit eigen ervaring dat de kerk niet aan kennis ontbreekt – we missen spiritueel **bewustzijn** , **moed** en **discipline** . Dit werk overbrugt die kloof. Het verweeft wereldwijde getuigenissen, aangrijpende waarheden, praktische actie en de kracht van het kruis tot een reis van 40 dagen die het stof van slapende levens zal doen afschudden en het vuur in de vermoeiden zal doen ontbranden.

Voor de voorganger die het aandurft om de confrontatie met het altaar aan te gaan, voor de jongvolwassene die in stilte vecht tegen demonische dromen, voor de ondernemer die verstrikt is in onzichtbare verbonden en voor de leider die weet dat er iets *geestelijk mis is* maar het niet kan benoemen: dit boek is voor u.

Ik raad je dringend aan het niet passief te lezen. Laat elke pagina je geest prikkelen. Laat elk verhaal oorlogsvoering voortbrengen. Laat elke verklaring je mond trainen om met vuur te spreken. En als je deze 40 dagen hebt doorstaan, vier dan niet alleen je vrijheid – word een instrument voor de vrijheid van anderen.

Want ware heerschappij is niet alleen ontsnappen aan de duisternis...

Het is je omkeren en anderen naar het licht trekken.

In Christus' gezag en kracht,
Ambassadeur Ogbe

# Invoering

VAN DUISTERNIS NAAR HEERSCHAPPIJ: 40 Dagen om te Bevrijden uit de Verborgen Greep van Duisternis is niet zomaar een devotioneel boek, het is een wereldwijde wake-upcall.

Overal ter wereld – van plattelandsdorpen tot presidentiële paleizen, van kerkaltaren tot vergaderzalen – schreeuwen mannen en vrouwen om vrijheid. Niet alleen om verlossing. **Bevrijding. Helderheid. Doorbraak. Heelheid. Vrede. Kracht.**

Maar de waarheid is: je kunt niet loslaten wat je tolereert. Je kunt je niet bevrijden van wat je niet kunt zien. Dit boek is jouw licht in die duisternis.

Gedurende 40 dagen doorloopt u leringen, verhalen, getuigenissen en strategische acties die de verborgen werkingen van de duisternis blootleggen en u de kracht geven om te overwinnen – geestelijk, ziel en lichaam.

Of u nu predikant, CEO, zendeling, voorbidder, tiener, moeder of staatshoofd bent, de inhoud van dit boek confronteert u. Niet om u te beschamen, maar om u te bevrijden en voor te bereiden om anderen de vrijheid in te leiden.

Dit is een **wereldwijde overdenking van bewustzijn, bevrijding en kracht** – geworteld in de Schrift, aangescherpt door waargebeurde verhalen en doordrenkt met het bloed van Jezus.

**Hoe u deze devotionele meditatie kunt gebruiken**

1. **Begin met de 5 fundamentele hoofdstukken.**
   Deze hoofdstukken leggen de basis. Sla ze niet over. Ze zullen je helpen de spirituele architectuur van de duisternis te begrijpen en de autoriteit die je hebt gekregen om daarbovenuit te stijgen.

2. **Loop bewust door elke dag**
   Elk dagelijks item bevat een focusthema, wereldwijde manifestaties, een waargebeurd verhaal, Bijbelteksten, een actieplan, ideeën voor

groepstoepassingen, belangrijke inzichten, dagboekvragen en een krachtig gebed.
3. **Sluit elke dag af met de Dagelijkse 360°-verklaring.**
Deze krachtige verklaring vindt u aan het einde van dit boek en is bedoeld om uw vrijheid te versterken en uw spirituele poorten te beschermen.
4. **Gebruik het alleen of in groepen**
Of u dit nu individueel doet of in een groep, thuisgemeenschap, voorbedeteam of bevrijdingsbediening - laat de Heilige Geest het tempo bepalen en het strijdplan persoonlijk maken.
5. **Verwacht tegenstand – en een doorbraak in**
de weerstand zal komen. Maar vrijheid ook. Bevrijding is een proces, en Jezus is vastbesloten om het met je te doorlopen.

## BASISHOOFDSTUKKEN (Lees vóór dag 1)
### 1. Oorsprong van het Duistere Koninkrijk
Van Lucifers opstand tot de opkomst van demonische hiërarchieën en territoriale geesten, dit hoofdstuk schetst de Bijbelse en spirituele geschiedenis van de duisternis. Begrijpen waar het begon, helpt je te herkennen hoe het werkt.

### 2. Hoe het Duistere Koninkrijk vandaag de dag opereert
Van verbonden en bloedoffers tot altaren, zeegeesten en technologische infiltratie: dit hoofdstuk onthult de moderne gezichten van oude geesten, inclusief hoe media, trends en zelfs religie als camouflage kunnen dienen.

### 3. Instappunten: hoe mensen verslaafd raken
Niemand wordt per ongeluk in slavernij geboren. Dit hoofdstuk onderzoekt mogelijkheden zoals trauma, voorouderlijke altaren, blootstelling aan hekserij, zielsbanden, occulte nieuwsgierigheid, vrijmetselarij, valse spiritualiteit en culturele gebruiken.

### 4. Manifestaties: van bezit naar obsessie
Hoe ziet bondage eruit? Van nachtmerries tot huwelijksvertraging, onvruchtbaarheid, verslaving, woede en zelfs "heilig lachen", dit hoofdstuk onthult hoe demonen zich vermommen als problemen, gaven of persoonlijkheden.

### 5. De kracht van het Woord: gezag van gelovigen

Voordat we de 40-daagse strijd beginnen, moet u uw wettelijke rechten in Christus begrijpen. Dit hoofdstuk wapent u met geestelijke wetten, oorlogswapens, Bijbelse protocollen en de taal van bevrijding.

**EEN LAATSTE AANMOEDIGING VOORDAT U BEGINT**

God roept je niet op om de duisternis te *beheersen*.

Hij roept je op om haar te **beheersen**.

Niet door kracht, niet door macht, maar door Zijn Geest.

Laat de komende 40 dagen meer zijn dan een devotioneel moment.

Laat het een begrafenis zijn voor elk altaar dat je ooit beheerste... en een kroning in de bestemming die God voor je heeft bestemd.

**Jouw reis naar heerschappij begint nu.**

# HOOFDSTUK 1: OORSPRONG VAN HET DUISTER KONINKRIJK

"*Want wij hebben de strijd niet tegen vlees en bloed, maar tegen de overheden, tegen de machten, tegen de wereldbeheersers van de duisternis van dit tijdperk, tegen de geestelijke machten van het kwaad in de hemelse gewesten.*" — Efeziërs 6:12

Lang voordat de mensheid het toneel van de tijd betrad, brak er een onzichtbare oorlog uit in de hemel. Dit was geen oorlog met zwaarden of geweren, maar een oorlog van rebellie – een hoogverraad tegen de heiligheid en het gezag van de Allerhoogste God. De Bijbel onthult dit mysterie door middel van verschillende passages die verwijzen naar de val van een van Gods mooiste engelen – **Lucifer**, de stralende – die het waagde zichzelf boven de troon van God te verheffen (Jesaja 14:12-15, Ezechiël 28:12-17).

Deze kosmische opstand bracht het **Duistere Koninkrijk voort** — een rijk van spiritueel verzet en bedrog, bestaande uit gevallen engelen (nu demonen), vorstendommen en machten die zich verzetten tegen de wil van God en tegen Gods volk.

## De val en vorming van de duisternis

LUCIFER WAS NIET ALTIJD slecht. Hij werd geschapen in volmaakte wijsheid en schoonheid. Maar trots kwam in zijn hart, en hoogmoed werd rebellie. Hij verleidde een derde van de engelen in de hemel om hem te volgen (Openbaring 12:4), en zij werden uit de hemel verdreven. Hun haat jegens de mensheid is geworteld in jaloezie – omdat de mensheid naar Gods beeld geschapen is en heerschappij heeft gekregen.

Zo begon de oorlog tussen het **Koninkrijk van het Licht** en het **Koninkrijk van de Duisternis** — een onzichtbaar conflict dat elke ziel, elk huis en elke natie raakt.

## De wereldwijde expressie van het Duistere Koninkrijk

HOEWEL ONZICHTBAAR, is de invloed van dit duistere koninkrijk diepgeworteld in:

- **Culturele tradities** (voorouderverering, bloedoffers, geheime genootschappen)
- **Entertainment** (subliminale boodschappen, occulte muziek en shows)
- **Bestuur** (corruptie, bloedpacten, eden)
- **Technologie** (hulpmiddelen voor verslaving, controle, manipulatie van de geest)
- **Onderwijs** (humanisme, relativisme, valse verlichting)

Van Afrikaanse juju tot westerse new age-mystiek, van djinnverering uit het Midden-Oosten tot Zuid-Amerikaans sjamanisme: de vormen verschillen, maar de **geest is dezelfde**: bedrog, overheersing en vernietiging.

## Waarom dit boek nu belangrijk is

SATANS GROOTSTE TRUC is om mensen te laten geloven dat hij niet bestaat, of erger nog, dat zijn daden ongevaarlijk zijn.

Deze overdenking is een **handleiding voor spirituele intelligentie**. Het licht de sluier op, onthult zijn plannen en geeft gelovigen overal ter wereld de kracht om:

- **Herken** toegangspunten
- Verwerp verborgen **verbonden**
- **Verzet je** met autoriteit
- **Terugkrijgen** wat gestolen is

## Je bent geboren in een strijd

DIT IS GEEN DEVOTIONEEL boek voor bangeriken. Je bent geboren op een slagveld, niet op een speelplaats. Maar het goede nieuws is: **Jezus heeft de oorlog al gewonnen!**

*"Hij heeft de heersers en de machten ontwapend en openlijk te schande gemaakt, door in Hem over hen te zegevieren."* — Kolossenzen 2:15

Je bent geen slachtoffer. Je bent meer dan een overwinnaar door Christus. Laten we de duisternis blootleggen en moedig het licht ingaan.

**Belangrijk inzicht**

De oorsprong van duisternis is trots, rebellie en de verwerping van Gods heerschappij. Dezezelfde zaden zijn nog steeds werkzaam in de harten van mensen en systemen vandaag de dag. Om geestelijke strijd te begrijpen, moeten we eerst begrijpen hoe de rebellie begon.

**Reflectiedagboek**

- Heb ik geestelijke oorlogvoering afgedaan als bijgeloof?
- Welke culturele of familiegebruiken heb ik genormaliseerd die mogelijk verband houden met een oude opstand?
- Begrijp ik werkelijk de oorlog waarin ik geboren ben?

**Gebed om verlichting**

*Hemelse Vader, onthul mij de verborgen wortels van rebellie om mij heen en in mij. Ontmasker de leugens van de duisternis die ik onbewust heb omarmd. Laat Uw waarheid schijnen in elke schaduwrijke plek. Ik kies voor het Koninkrijk van Licht. Ik kies ervoor om te wandelen in waarheid, kracht en vrijheid. In Jezus' naam. Amen.*

# HOOFDSTUK 2: HOE HET DUISTERE KONINKRIJK VANDAAG WERKT

"*Opdat Satan geen voordeel op ons zou behalen, want wij zijn niet onwetend van zijn gedachten.*" — 2 Korintiërs 2:11

Het koninkrijk der duisternis opereert niet lukraak. Het is een goed georganiseerde, diepgewortelde spirituele infrastructuur die militaire strategie weerspiegelt. Het doel: infiltreren, manipuleren, controleren en uiteindelijk vernietigen. Net zoals het Koninkrijk Gods rang en orde kent (apostelen, profeten, enz.), zo geldt dat ook voor het koninkrijk der duisternis – met machten, machten, heersers van de duisternis en geestelijke boosheid in de hoogste regionen (Efeziërs 6:12).

Het Duistere Koninkrijk is geen mythe. Het is geen folklore of religieus bijgeloof. Het is een onzichtbaar maar reëel netwerk van spirituele agenten die systemen, mensen en zelfs kerken manipuleren om Satans agenda te vervullen. Hoewel velen zich hooivorken en rode horens voorstellen, is de werkelijke werking van dit koninkrijk veel subtieler, systematischer en sinisterder.

**1. Bedrog is hun valuta**

De vijand handelt in leugens. Van de Hof van Eden (Genesis 3) tot hedendaagse filosofieën, Satans tactieken hebben altijd gedraaid om het zaaien van twijfel aan Gods Woord. Tegenwoordig manifesteert bedrog zich in de vorm van:

- *New Age-leringen vermomd als verlichting*
- *Occulte praktijken vermomd als culturele trots*
- *Hekserij verheerlijkt in muziek, films, tekenfilms en trends op sociale media*

Mensen nemen onbewust deel aan rituelen of consumeren media die spirituele deuren openen zonder dat ze daar onderscheid in kunnen maken.

## 2. Hiërarchische structuur van het kwaad

Net zoals er in het koninkrijk van God orde heerst, zo kent het duistere koninkrijk een duidelijke hiërarchie:

- **Vorstendommen** – Territoriale geesten die invloed uitoefenen op naties en regeringen
- **Krachten** – Agenten die het kwaad afdwingen via demonische systemen
- **Heersers van de Duisternis** – Coördinatoren van spirituele blindheid, afgoderij en valse religie
- **Spirituele slechtheid in hoge posities** – Entiteiten op eliteniveau die de wereldwijde cultuur, rijkdom en technologie beïnvloeden

Elke demon is gespecialiseerd in bepaalde opdrachten: angst, verslaving, seksuele perversie, verwarring, trots, verdeeldheid.

## 3. Instrumenten voor culturele controle

De duivel hoeft niet langer fysiek te verschijnen. De cultuur doet nu het zware werk. Zijn strategieën omvatten tegenwoordig:

- **Subliminale boodschappen:** muziek, shows, advertenties vol verborgen symbolen en omgekeerde boodschappen
- **Desensibilisatie:** Herhaalde blootstelling aan zonde (geweld, naaktheid, godslastering) totdat het 'normaal' wordt
- **Technieken voor gedachtencontrole:** via mediahypnose, emotionele manipulatie en verslavende algoritmen

Dit is niet toevallig. Dit zijn strategieën die ontworpen zijn om morele overtuigingen te verzwakken, gezinnen te vernietigen en de waarheid opnieuw te definiëren.

## 4. Generatieovereenkomsten en bloedlijnen

Door dromen, rituelen, toewijdingen of voorouderlijke pacten zijn veel mensen onbewust verbonden met de duisternis. Satan profiteert van:

- Familiealtaren en voorouderlijke afgoden
- Naamgevingsceremonies waarbij geesten worden aangeroepen
- Geheime familiezonden of vloeken die worden doorgegeven

Deze vormen een juridische basis voor lijden, totdat het verbond verbroken wordt door het bloed van Jezus.

**5. Valse wonderen, valse profeten**

Het Duistere Rijk houdt van religie – vooral als het waarheid en macht mist. Valse profeten, verleidende geesten en namaakwonderen misleiden de massa:

*"Want Satan zelf doet zich voor als een engel van het licht."* — 2 Korintiërs 11:14

Tegenwoordig luisteren veel mensen naar stemmen die hun oren strelen, maar die hun ziel binden.

**Belangrijk inzicht**

De duivel is niet altijd luidruchtig – soms fluistert hij via compromissen. De beste tactiek van het Duistere Koninkrijk is om mensen ervan te overtuigen dat ze vrij zijn, terwijl ze subtiel tot slaaf worden gemaakt.

**Reflectiedagboek:**

- Waar in uw gemeenschap of land heeft u dergelijke operaties gezien?
- Zijn er programma's, muziek, apps of rituelen die je hebt genormaliseerd, maar die in werkelijkheid manipulatiemiddelen zijn?

**Gebed van bewustzijn en berouw:**

*Heer Jezus, open mijn ogen om de activiteiten van de vijand te zien. Ontmasker elke leugen die ik geloofd heb. Vergeef me voor elke deur die ik bewust of onbewust geopend heb. Ik verbreek de overeenkomst met de duisternis en kies voor Uw waarheid, Uw kracht en Uw vrijheid. In Jezus' naam. Amen.*

# HOOFDSTUK 3: INSTAPNUNTEN – HOE MENSEN VERSLAAFD RAKEN

"**G**eef de duivel geen voet aan de grond." — Efeziërs 4:27

In elke cultuur, generatie en elk gezin zijn er verborgen openingen – poorten waardoor spirituele duisternis binnenkomt. Deze toegangspunten lijken in eerste instantie misschien onschuldig: een spelletje uit je kindertijd, een familieritueel, een boek, een film, een onverwerkt trauma. Maar zodra ze geopend zijn, vormen ze een legale basis voor demonische invloed.

**Gemeenschappelijke toegangspunten**

1. **Bloedlijnverbonden** – Voorouderlijke eden, rituelen en afgoderij die toegang geven tot boze geesten.
2. **Vroege blootstelling aan occultisme** – Zoals in het verhaal van *Lourdes Valdivia* uit Bolivia raken kinderen die worden blootgesteld aan hekserij, spiritualisme of occulte rituelen vaak spiritueel gecompromitteerd.
3. **Media en muziek** – Liedjes en films die duisternis, sensualiteit of rebellie verheerlijken, kunnen op subtiele wijze spirituele invloeden oproepen.
4. **Trauma en misbruik** – Seksueel misbruik, gewelddadig trauma of afwijzing kunnen de ziel openbreken voor onderdrukkende geesten.
5. **Seksuele zonde en zielsbanden** – Ongeoorloofde seksuele verbintenissen creëren vaak spirituele banden en overdracht van geesten.
6. **New Age en valse religie** – Kristallen, yoga, spirituele gidsen, horoscopen en 'witte hekserij' zijn verborgen uitnodigingen.
7. **Bitterheid en onvergevingsgezindheid** – Deze geven demonische geesten het wettelijke recht om te kwellen (zie Mattheüs 18:34).

**Wereldwijd getuigenis in de schijnwerpers:** *Lourdes Valdivia (Bolivia)*
Op slechts 7-jarige leeftijd maakte Lourdes kennis met hekserij door haar moeder, een fervent occultiste. Haar huis stond vol met symbolen, beenderen van begraafplaatsen en magische boeken. Ze ervoer astrale projectie, stemmen en kwelling voordat ze uiteindelijk Jezus vond en bevrijd werd. Haar verhaal is er een van vele – en bewijst hoe vroege blootstelling en generatie-invloed deuren openen naar spirituele gebondenheid.

**Referentie voor grotere exploits:**
Verhalen over hoe mensen onbewust deuren openden door middel van 'onschuldige' activiteiten – om vervolgens in de duisternis verstrikt te raken – zijn te vinden in *Greater Exploits 14* en *Delivered from the Power of Darkness*. ( Zie bijlage)

**Belangrijk inzicht**
De vijand stormt zelden binnen. Hij wacht tot er een deur opengaat. Wat onschuldig, geërfd of vermakelijk aanvoelt, kan soms precies de poort zijn die de vijand nodig heeft.

**Reflectiedagboek**

- Welke momenten in mijn leven konden dienen als spirituele toegangspunten?
- Zijn er 'onschadelijke' tradities of objecten waar ik afstand van moet doen?
- Moet ik afstand doen van iets uit mijn verleden of familielijn?

**Gebed van verzaking**
*Vader, ik sluit elke deur die ik of mijn voorouders mogelijk naar de duisternis hebben geopend. Ik verwerp alle overeenkomsten, zielsbanden en blootstelling aan iets onheiligs. Ik verbreek elke keten door het bloed van Jezus. Ik verklaar dat mijn lichaam, ziel en geest alleen aan Christus toebehoren. In Jezus' naam. Amen.*

# HOOFDSTUK 4: MANIFESTATIES – VAN BEZITTING TOT OBSESSIE

"*Wanneer een onreine geest uit een mens vertrekt, trekt hij door dorre streken op zoek naar rust, maar vindt die niet. Dan zegt hij: 'Ik zal terugkeren naar het huis dat ik verlaten heb.'*" — Matteüs 12:43

Zodra iemand onder invloed van het duistere koninkrijk komt, variëren de manifestaties afhankelijk van de mate van demonische toegang die hem wordt verleend. De spirituele vijand neemt geen genoegen met bezoek – zijn uiteindelijke doel is bewoning en overheersing.

**Niveaus van manifestatie**

1. **Invloed** – De vijand verkrijgt invloed door gedachten, emoties en beslissingen.
2. **Onderdrukking** – Er is externe druk, zwaarte, verwarring en kwelling.
3. **Obsessie** – De persoon raakt gefixeerd op sombere gedachten of dwangmatig gedrag.
4. **Bezetenheid** – In zeldzame maar reële gevallen nemen demonen bezit van een persoon en overheersen de wil, de stem of het lichaam.

De mate van manifestatie hangt vaak samen met de diepte van het spirituele compromis.

**Wereldwijde casestudies van manifestatie**

- **Afrika:** Gevallen van geestenechtgenoten, waanzin en rituele slavernij.
- **Europa:** New age-hypnose, astrale projectie en fragmentatie van de geest.

- **Azië:** Voorouderlijke zielsbanden, reïncarnatievallen en bloedlijngeloften.
- **Zuid-Amerika:** Sjamanisme, spirituele gidsen, verslaving aan paranormale lectuur.
- **Noord-Amerika:** Hekserij in de media, 'onschuldige' horoscopen, poorten naar substantie.
- **Midden-Oosten:** ontmoetingen met Djinns, bloedige eden en profetische vervalsingen.

Elk continent vertegenwoordigt op zijn eigen manier hetzelfde demonische systeem. Gelovigen moeten leren hoe ze de tekenen hiervan kunnen herkennen.

**Veelvoorkomende symptomen van demonische activiteit**

- Terugkerende nachtmerries of slaapverlamming
- Stemmen of mentale kwelling
- Dwangmatige zonde en herhaaldelijk terugvallen
- Onverklaarbare ziekten, angst of woede
- Bovennatuurlijke kracht of kennis
- Plotselinge afkeer van spirituele zaken

**Belangrijk inzicht**

Wat wij 'mentale', 'emotionele' of 'medische' problemen noemen, kan soms spiritueel van aard zijn. Niet altijd, maar vaak genoeg dat onderscheidingsvermogen cruciaal is.

**Reflectiedagboek**

- Heb ik herhaaldelijke worstelingen opgemerkt die van spirituele aard lijken?
- Zijn er generatiepatronen van vernietiging in mijn familie?
- Welke media, muziek en relaties laat ik toe in mijn leven?

**Gebed van verzaking**

*Heer Jezus, ik verwerp elke verborgen overeenkomst, open deur en goddeloos verbond in mijn leven. Ik verbreek de banden met alles wat niet van U is – bewust of onbewust. Ik nodig het vuur van de Heilige Geest uit om elk spoor van duisternis in mijn leven te verteren. Bevrijd mij volledig. In Uw machtige naam. Amen.*

# HOOFDSTUK 5: DE KRACHT VAN HET WOORD – HET GEZAG VAN GELOVIGEN

*"Zie, Ik geef u de macht om op slangen en schorpioenen te treden en over alle macht van de vijand, en niets zal u op enigerlei wijze schaden."* — Lucas 10:19 (SV)

Veel gelovigen leven in angst voor de duisternis omdat ze het licht dat ze dragen niet begrijpen. Toch onthult de Schrift dat het **Woord van God niet alleen een zwaard is (Efeziërs 6:17)** – het is vuur (Jeremia 23:29), een hamer, een zaadje en het leven zelf. In de strijd tussen licht en duisternis zijn degenen die het Woord kennen en verkondigen nooit slachtoffers.

**Wat is deze kracht?**

De macht die gelovigen dragen, is **gedelegeerde autoriteit** . Net als een politieagent met een badge staan we niet op eigen kracht, maar in de **naam van Jezus** en door het Woord van God. Toen Jezus Satan versloeg in de woestijn, schreeuwde, huilde of raakte Hij niet in paniek – Hij zei simpelweg: *"Er staat geschreven."*

Dit is het patroon voor alle geestelijke oorlogsvoering.

**Waarom veel christenen verslagen blijven**

1. **Onwetendheid** – Ze weten niet wat het Woord zegt over hun identiteit.
2. **Stilte** – Ze verkondigen Gods Woord niet in elke situatie.
3. **Inconsistentie** – Ze leven in een cyclus van zonde, wat het vertrouwen en de toegang tot het leven ondermijnt.

Overwinning is niet een kwestie van harder schreeuwen; het is een kwestie van **dieper geloven** en **stoutmoedig verklaren** .

### Autoriteit in actie – Wereldwijde verhalen

- **Nigeria:** Een jonge jongen die gevangen zat in een sekte, werd bevrijd toen zijn moeder consequent zijn kamer zalfde en elke avond Psalm 91 opzei.
- **Verenigde Staten:** Een voormalige wicca gaf de hekserij op nadat een collega maandenlang dagelijks stilletjes geschriften boven haar werkplek voorlas.
- **India:** Een gelovige sprak Jesaja 54:17 uit terwijl hij voortdurend te maken had met aanvallen van zwarte magie. De aanvallen stopten en de aanvaller bekende.
- **Brazilië:** Een vrouw gebruikte de dagelijkse verklaringen uit Romeinen 8 om haar suïcidale gedachten te overwinnen en begon in bovennatuurlijke vrede te wandelen.

Het Woord leeft. Het heeft geen perfectie van ons nodig, alleen ons geloof en onze belijdenis.

### Hoe je het woord kunt gebruiken in oorlogsvoering

1. **Leer Bijbelteksten uit je hoofd** die te maken hebben met identiteit, overwinning en bescherming.
2. **Spreek het Woord hardop**, vooral tijdens geestelijke aanvallen.
3. **Gebruik het in gebed**, waarin u Gods beloften over bepaalde situaties uitspreekt.
4. **Vasten + Bidden** met het Woord als uw anker (Matteüs 17:21).

### Fundamentele geschriften voor oorlogsvoering

- *2 Korintiërs 10:3-5* – Bolwerken afbreken
- *Jesaja 54:17* – Geen enkel wapen dat gevormd is, zal slagen
- *Lucas 10:19* – Macht over de vijand
- *Psalm 91* – Goddelijke bescherming
- *Openbaring 12:11* – Overwonnen door het bloed en het getuigenis

### Belangrijk inzicht

Het Woord van God in uw mond is net zo krachtig als het Woord in Gods mond – als u het met geloof spreekt.

**Reflectiedagboek**

- Ken ik mijn geestelijke rechten als gelovige?
- Op welke Schriftteksten sta ik vandaag de dag actief?
- Heb ik toegestaan dat angst of onwetendheid mijn autoriteit het zwijgen oplegt?

**Gebed om bekrachtiging**

*Vader, open mijn ogen voor de autoriteit die ik in Christus heb. Leer mij Uw Woord met vrijmoedigheid en geloof te hanteren. Waar ik angst of onwetendheid heb laten heersen, laat openbaring komen. Ik sta vandaag als een kind van God, gewapend met het zwaard van de Geest. Ik zal het Woord spreken. Ik zal in overwinning staan. Ik zal de vijand niet vrezen – want groter is Hij die in mij is. In Jezus' naam. Amen.*

# DAG 1: BLOEDLIJNEN & POORTEN — HET VERBREKEN VAN FAMILIEKETENS

"*Onze vaderen hebben gezondigd en zijn niet meer, en wij dragen hun straf.*" — Klaagliederen 5:7

Je bent misschien gered, maar je bloedlijn heeft nog steeds een geschiedenis. En totdat de oude verbonden worden verbroken, blijven ze spreken.

Op elk continent zijn er verborgen altaren, voorouderlijke pacten, geheime geloften en geërfde onrechtvaardigheden die actief blijven totdat ze specifiek worden aangepakt. Wat begon bij overgrootouders, kan nog steeds het lot van de kinderen van vandaag bepalen.

**Globale uitdrukkingen**

- **Afrika** – Familiegoden, orakels, hekserij van generatie op generatie, bloedoffers.
- **Azië** – Voorouderverering, reïncarnatiebanden, karmaketens.
- **Latijns-Amerika** – Santeria, dodenaltaren, sjamanistische bloededen.
- **Europa** – Vrijmetselarij, heidense wortels, bloedlijnpacten.
- **Noord-Amerika** – New age-erfenissen, vrijmetselaarsafstamming, occulte objecten.

De vloek blijft voortduren totdat iemand opstaat en zegt: "Niet meer!"

**Een dieper getuigenis – Genezing vanaf de wortels**

Een vrouw uit West-Afrika besefte na het lezen van *Greater Exploits 14* dat haar chronische miskramen en onverklaarbare kwellingen verband hielden met de positie van haar grootvader als priester in een heiligdom. Ze had Christus jaren geleden aanvaard, maar had nooit de familieovereenkomsten aangepakt.

Na drie dagen van gebed en vasten werd ze ertoe gebracht bepaalde erfstukken te vernietigen en verbonden op te zeggen, zoals blijkt uit Galaten 3:13. Diezelfde maand werd ze zwanger en droeg ze een voldragen kind. Tegenwoordig leidt ze anderen in de genezings- en bevrijdingsbediening.

Een andere man in Latijns-Amerika, uit het boek *Delivered from the Power of Darkness*, vond vrijheid nadat hij afstand had gedaan van een vloek van de vrijmetselarij die in het geheim van zijn overgrootvader was doorgegeven. Toen hij begon met het toepassen van Bijbelteksten zoals Jesaja 49:24-26 en het bidden van bevrijdingsgebeden, stopte zijn geestelijke kwelling en werd de vrede in zijn huis hersteld.

Deze verhalen zijn geen toeval, maar getuigenissen van de waarheid in actie.

**Actieplan – Gezinsinventarisatie**

1. Schrijf alle bekende familiegeloofsovertuigingen, gebruiken en lidmaatschappen op: religieuze, mystieke of geheime genootschappen.
2. Vraag God om openbaring van verborgen altaren en pacten.
3. Vernietig en gooi alle voorwerpen die verband houden met afgoderij of occulte praktijken, onder gebed weg.
4. Ga zo snel mogelijk aan de slag en gebruik de onderstaande teksten om juridische stappen te ondernemen:
    - *Leviticus 26:40–42*
    - *Jesaja 49:24–26*
    - *Galaten 3:13*

## GROEPSDISCUSSIE EN toepassing

- Welke algemene familietradities worden vaak als onschadelijk beschouwd, maar kunnen spiritueel gevaarlijk zijn?
- Laat leden anoniem (indien nodig) dromen, objecten of terugkerende cycli in hun bloedlijn delen.

- Gezamenlijk gebed van onthechting — iedereen kan de naam van de familie of de kwestie waarvan afstand wordt gedaan, uitspreken.

**Hulpmiddelen voor de bediening:** Breng zalfolie mee. Bied de communie aan. Leid de groep in een verbondsgebed van vervanging – waarbij elke familielijn aan Christus wordt toegewijd.

**Belangrijk inzicht**

Wedergeboren worden redt je geest. Het verbreken van familieverbonden behoudt je bestemming.

**Reflectiedagboek**

- Wat zit er in mijn familie? Wat moet er bij mij stoppen?
- Zijn er voorwerpen, namen of traditie in mijn huis die weg moeten?
- Welke deuren hebben mijn voorouders geopend die ik nu moet sluiten?

**Gebed om bevrijding**

*Heer Jezus, ik dank U voor Uw bloed dat betere dingen spreekt. Vandaag doe ik afstand van elk verborgen altaar, familieverbond en geërfde slavernij. Ik verbreek de ketenen van mijn bloedlijn en verklaar dat ik een nieuwe schepping ben. Mijn leven, familie en bestemming behoren nu alleen aan U toe. In Jezus' naam. Amen.*

# DAG 2: DROOMINVASIES — ALS DE NACHT EEN SLAGVELD WORDT

*"Terwijl de mensen sliepen, kwam zijn vijand en zaaide onkruid tussen de tarwe, en ging weg."* — Mattheüs 13:25

Voor velen vindt de grootste geestelijke strijd niet plaats terwijl ze wakker zijn, maar wanneer ze slapen.

Dromen zijn niet zomaar willekeurige hersenactiviteit. Het zijn spirituele portalen waardoor waarschuwingen, aanvallen, verbonden en lotsbestemmingen worden uitgewisseld. De vijand gebruikt slaap als een stil strijdtoneel om angst, lust, verwarring en vertraging te zaaien – allemaal zonder weerstand, omdat de meeste mensen zich niet bewust zijn van de strijd.

**Globale uitdrukkingen**

- **Afrika** – Spirituele echtgenoten, slangen, eten in dromen, maskerades.
- **Azië** – Voorouderlijke ontmoetingen, doodsdromen, karmische kwelling.
- **Latijns-Amerika** – Dierlijke demonen, schaduwen, slaapverlamming.
- **Noord-Amerika** – Astrale projectie, buitenaardse dromen, herhalingen van trauma's.
- **Europa** – Gotische manifestaties, seksdemonen (incubus/succubus), zielsfragmentaties.

Als Satan jouw dromen kan beheersen, kan hij ook jouw lot beïnvloeden.

**Getuigenis – Van nachtmerrie tot vrede**

Een jonge vrouw uit het Verenigd Koninkrijk mailde me na het lezen van *Ex-Satanist: The James Exchange* . Ze vertelde hoe ze jarenlang geplaagd werd door dromen waarin ze achtervolgd werd, gebeten werd door honden of met vreemde mannen sliep – altijd gevolgd door tegenslagen in het echte leven. Haar relaties liepen op de klippen, haar carrièrekansen verdwenen en ze was constant uitgeput.

Door te vasten en Bijbelteksten zoals Job 33:14-18 te bestuderen, ontdekte ze dat God vaak via dromen spreekt – maar de vijand doet dat ook. Ze begon haar hoofd met olie te zalven, boze dromen hardop af te wijzen bij het ontwaken en een droomdagboek bij te houden. Geleidelijk aan werden haar dromen helderder en vrediger. Tegenwoordig leidt ze een praatgroep voor jonge vrouwen die last hebben van droomaanvallen.

Een Nigeriaanse zakenman besefte, na het beluisteren van een getuigenis op YouTube, dat zijn droom waarin hij elke avond eten geserveerd kreeg, te maken had met hekserij. Elke keer dat hij het eten in zijn droom accepteerde, ging het mis in zijn bedrijf. Hij leerde het eten in de droom onmiddellijk af te wijzen, voor het slapengaan in tongen te bidden en ziet nu in plaats daarvan goddelijke strategieën en waarschuwingen.

**Actieplan – Versterk uw nachtwachten**

1. **Voor het slapengaan:** Lees hardop uit de Schriften. Bid. Zalf je hoofd met olie.
2. **Droomdagboek:** Schrijf elke droom op bij het ontwaken – goed of slecht. Vraag de Heilige Geest om uitleg.
3. **Afwijzen en verwerpen:** Als de droom gaat over seksuele activiteit, overleden familieleden, eten of slavernij, verwerp het dan onmiddellijk in gebed.
4. **Schriftstrijd:**
    - *Psalm 4:8* — Rustige slaap
    - *Job 33:14–18* — God spreekt door dromen
    - *Mattheüs 13:25* — Vijand zaait onkruid
    - *Jesaja 54:17* — Er is geen wapen tegen u gesmeed

**Groepsaanvraag**

- Deel recente dromen anoniem. Laat de groep patronen en betekenissen ontdekken.
- Leer de leden hoe ze boze dromen verbaal kunnen verwerpen en

goede dromen in gebed kunnen bezegelen.
- Groepsverklaring: "Wij verbieden demonische transacties in onze dromen, in Jezus' naam!"

**Ministerie-instrumenten:**

- Neem papier en pennen mee om je droomdagboek bij te houden.
- Laat zien hoe je je huis en bed kunt zalven.
- Bied de communie aan als zegel van het verbond voor de nacht.

**Belangrijk inzicht**

Dromen zijn óf poorten naar goddelijke ontmoetingen, óf demonische valstrikken. Onderscheidingsvermogen is de sleutel.

**Reflectiedagboek**

- Wat voor dromen heb ik steeds gehad?
- Neem ik de tijd om na te denken over mijn dromen?
- Hebben mijn dromen mij gewaarschuwd voor iets dat ik heb genegeerd?

**Gebed van de Nachtwacht**

*Vader, ik draag mijn dromen aan U op. Laat geen enkele kwade macht mijn slaap binnendringen. Ik verwerp elk demonisch verbond, elke seksuele verontreiniging of manipulatie in mijn dromen. Ik ontvang goddelijk bezoek, hemelse instructies en engelachtige bescherming terwijl ik slaap. Laat mijn nachten gevuld zijn met vrede, openbaring en kracht. In Jezus' naam, amen.*

# DAG 3: SPIRITUELE ECHTGENOTEN — ONHEILIGE VERENIGINGEN DIE BESTEMMINGEN BINDEN

"*Want uw Maker is uw echtgenoot; de Heer van de hemelse machten is Zijn naam...*" — Jesaja 54:5
"*Zij offerden hun zonen en hun dochters aan de duivels.*" — Psalm 106:37

Terwijl velen schreeuwen om een doorbraak in het huwelijk, realiseren ze zich niet dat ze al in een **spiritueel huwelijk zitten**, een huwelijk waar ze nooit mee hebben ingestemd.

Dit zijn **verbonden die gevormd worden door dromen, aanranding, bloedrituelen, pornografie, voorouderlijke eden of demonische overdracht**. De geestpartner – incubus (mannelijk) of succubus (vrouwelijk) – neemt een wettelijk recht op het lichaam, de intimiteit en de toekomst van de persoon over, wat vaak relaties blokkeert, gezinnen verwoest, miskramen veroorzaakt en verslavingen aanwakkert.

**Wereldwijde manifestaties**

- **Afrika** – Zeegeesten (Mami Wata), geestenvrouwen/-echtgenoten uit waterrijken.
- **Azië** – Hemelse huwelijken, karmische zielsverwantvloeken, gereïncarneerde echtgenoten.
- **Europa** – Hekserijverbintenissen, demonische geliefden met wortels in de Vrijmetselarij of Druïden.
- **Latijns-Amerika** – Santeria-huwelijken, liefdesbetoveringen, op pacten gebaseerde 'geesthuwelijken'.
- **Noord-Amerika** – Door porno geïnduceerde spirituele portalen, seksgeesten uit het nieuwe tijdperk, buitenaardse ontvoeringen als manifestaties van ontmoetingen met incubussen.

**Echte verhalen - De strijd voor huwelijksvrijheid**
**Tolu, Nigeria.**
Tolu was 32 en single. Elke keer dat ze zich verloofde, verdween de man plotseling. Ze droomde er constant van om in uitgebreide ceremonies te trouwen. In *Greater Exploits 14* herkende ze haar zaak in een getuigenis die daar gedeeld werd. Ze onderging een driedaagse vasten en nachtelijke oorlogsgebeden om middernacht, waardoor ze haar zielsbanden verbrak en de zeegeest die haar had opgeëist, verdreef. Tegenwoordig is ze getrouwd en geeft ze counseling aan anderen.

**Lina, Filipijnen.**
Lina voelde 's nachts vaak een 'aanwezigheid' bij zich. Ze dacht dat ze zich dingen inbeeldde, totdat er blauwe plekken op haar benen en dijen verschenen zonder enige verklaring. Haar dominee herkende een spirituele partner. Ze bekende een verleden met abortus en een pornoverslaving, en onderging vervolgens een bevrijding. Nu helpt ze jonge vrouwen om soortgelijke patronen in haar gemeenschap te herkennen.

**Actieplan – Het verbond verbreken**

1. **Belijd** en toon berouw voor seksuele zonden, zielsbanden, occulte blootstelling of voorouderrituelen.
2. **Verwerp** alle geestelijke huwelijken in gebed — bij naam, als ze onthuld worden.
3. **Vast** 3 dagen lang (of zoals u wordt geleid) met Jesaja 54 en Psalm 18 als belangrijkste Schriftgedeelten.
4. **Vernietig** fysieke symbolen zoals ringen, kleding of geschenken die verband houden met vroegere geliefden of occulte banden.
5. **Verklaar hardop :**

*Ik ben niet getrouwd met een geest. Ik heb een verbond met Jezus Christus. Ik verwerp elke demonische verbintenis in mijn lichaam, ziel en geest!*

**Schrifthulpmiddelen**

- Jesaja 54:4-8 – God als uw ware Echtgenoot
- Psalm 18 – De banden van de dood verbreken
- 1 Korintiërs 6:15-20 – Uw lichaam behoort aan de Heer

- Hosea 2:6-8 – Het verbreken van goddeloze verbonden

## Groepsapplicatie

- Vraag de groepsleden: Heb je ooit gedroomd over bruiloften, seks met vreemden of duistere figuren in de nacht?
- Leid een groepsbijeenkomst voor spirituele verzaking.
- Speel een rollenspel van een 'echtscheidingsrechtbank in de hemel' — elke deelnemer dient in gebed een geestelijke echtscheiding in bij God.
- Gebruik zalfolie op het hoofd, de buik en de voeten als symbool voor reiniging, voortplanting en beweging.

## Belangrijk inzicht

Demonische huwelijken bestaan echt. Maar er is geen geestelijke verbintenis die niet verbroken kan worden door het bloed van Jezus.

## Reflectiedagboek

- Heb ik steeds weer dromen over trouwen of seks?
- Zijn er patronen van afwijzing, vertraging of miskraam in mijn leven?
- Ben ik bereid om mijn lichaam, seksualiteit en toekomst volledig aan God over te geven?

## Gebed om bevrijding

*Hemelse Vader, ik bekeer mij van elke seksuele zonde, bekend of onbekend. Ik verwerp en verwerp elke spirituele partner, zeegeest of occult huwelijk dat mijn leven opeist. Door de kracht van Jezus' bloed verbreek ik elk verbond, droomzaad en zielsband. Ik verklaar dat ik de Bruid van Christus ben, apart gezet voor Zijn glorie. Ik wandel vrij, in Jezus' naam. Amen.*

# DAG 4: VERVLOEKTE VOORWERPEN – DEUREN DIE BESCHADIGING VEROORZAKEN

"*Ook mag u geen gruwel in uw huis brengen, opdat u niet net zo vervloekt wordt.*" — Deuteronomium 7:26

**Een verborgen ingang die velen negeren**

Niet elk bezit is zomaar een bezit. Sommige dingen dragen geschiedenis met zich mee. Andere dragen geesten met zich mee. Vervloekte voorwerpen zijn niet alleen afgodsbeelden of artefacten – het kunnen boeken, sieraden, beelden, symbolen, geschenken, kleding of zelfs geërfde erfstukken zijn die ooit aan duistere machten waren gewijd. Wat er op je plank, je pols of je muur staat, kan de bron zijn van kwelling in je leven.

**Wereldwijde observaties**

- **Afrika** : Kalebassen, talismannen en armbanden die verband houden met toverdokters of voorouderverering.
- **Azië** : Amuletten, dierenriembeelden en tempelsouvenirs.
- **Latijns-Amerika** : Santería -kettingen, poppen, kaarsen met geestinscripties.
- **Noord-Amerika** : Tarotkaarten, Ouija-borden, dromenvangers, horrormemorabilia.
- **Europa** : heidense relikwieën, occulte boeken, accessoires met een heksenthema.

Een echtpaar in Europa werd plotseling ziek en kreeg te maken met geestelijke onderdrukking na terugkomst van een vakantie op Bali. Onbewust hadden ze een gebeeldhouwd beeld gekocht dat gewijd was aan een lokale zeegod. Na gebed en overleg namen ze het beeld mee en verbrandden het. De vrede keerde onmiddellijk terug.

Een andere vrouw die in de getuigenissen over de *Grote Exploits* wordt genoemd, meldde onverklaarbare nachtmerries. Later bleek dat een door haar tante geschonken ketting in werkelijkheid een spiritueel controleapparaat was dat in een heiligdom was gewijd.

Je moet je huis niet alleen fysiek schoonmaken, je moet het ook geestelijk schoonmaken.

**Getuigenis: "De pop die mij observeerde"**

Lourdes Valdivia, wiens verhaal we eerder uit Zuid-Amerika bespraken, kreeg ooit een porseleinen pop tijdens een familiefeest. Haar moeder had de pop gewijd tijdens een occult ritueel. Vanaf de nacht dat de pop in haar kamer werd gebracht, begon Lourdes stemmen te horen, kreeg ze last van slaapverlamming en zag ze 's nachts figuren.

Pas toen een christelijke vriendin met haar bad en de Heilige Geest de oorsprong van de pop onthulde, deed ze hem weg. De demonische aanwezigheid verdween onmiddellijk. Dit was het begin van haar ontwaking – van onderdrukking naar bevrijding.

**Actieplan – Huis- en Hartaudit**

1. **Wandel door elke kamer** van uw huis met zalfolie en het Woord.
2. **Vraag de Heilige Geest** om voorwerpen of gaven te markeren die niet van God zijn.
3. **Verbrand of gooi** voorwerpen weg die verband houden met het occulte, afgoderij of immoraliteit.
4. **Sluit alle deuren** met Bijbelteksten als:
    - *Deuteronomium 7:26*
    - *Handelingen 19:19*
    - *2 Korintiërs 6:16–18*

## Groepsdiscussie en activering

- Vertel over spullen of geschenken die u ooit bezat en die een ongebruikelijke invloed op uw leven hadden.
- Maak samen een 'Checklist voor het schoonmaken van uw huis'.

- Geef partners de opdracht om in elkaars thuisomgeving te bidden (met toestemming).
- Nodig een plaatselijke bevrijdingsprediker uit om een profetisch gebed te leiden voor de reiniging van uw huis.

**Hulpmiddelen voor de bediening:** Zalfolie, muziek, vuilniszakken (om echt weg te gooien) en een brandveilige container voor de spullen die vernietigd moeten worden.

**Belangrijk inzicht**
Wat u toelaat in uw ruimte, kan geesten in uw leven toelaten.

**Reflectiedagboek**

- Welke items in mijn huis of kledingkast hebben een onduidelijke spirituele oorsprong?
- Heb ik iets vastgehouden vanwege sentimentele waarde en moet ik het nu loslaten?
- Ben ik bereid om mijn ruimte te heiligen voor de Heilige Geest?

**Gebed om reiniging**

*Heer Jezus, ik nodig Uw Heilige Geest uit om alles in mijn huis bloot te leggen wat niet van U is. Ik doe afstand van elk vervloekt voorwerp, geschenk of item dat aan de duisternis gebonden was. Ik verklaar mijn huis tot heilige grond. Laat Uw vrede en zuiverheid hier wonen. In Jezus' naam. Amen.*

# DAG 5: BETOVERD EN BEDROGEN — BEVRIJD VAN DE GEEST VAN WAARZEGGERIJ

"*Deze mannen zijn dienaren van de Allerhoogste God, die ons de weg naar de zaligheid verkondigen.*" — *Handelingen 16:17 (HSV)*

"Maar Paulus, zeer geïrriteerd, keerde zich om en zei tegen de geest: 'Ik beveel u in de Naam van Jezus Christus uit haar te gaan.' En hij ging op hetzelfde moment naar buiten." — *Handelingen 16:18*

Er is een dunne grens tussen profeteren en waarzeggerij. Tegenwoordig overschrijden veel mensen die grens zonder dat ze het weten.

Van YouTube-profeten die geld vragen voor "persoonlijke woorden" tot tarotlezers op sociale media die Bijbelteksten citeren: de wereld is een marktplaats geworden van spiritueel lawaai. En tragisch genoeg drinken veel gelovigen onbewust uit vervuilde stromen.

De **geest van waarzeggerij** imiteert de Heilige Geest. Hij vleit, verleidt, manipuleert emoties en verstrikt zijn slachtoffers in een web van controle. Zijn doel? **Spiritueel verstrikken, misleiden en tot slaaf maken.**

**Wereldwijde uitingen van waarzeggerij**

- **Afrika** – Orakelspreuken, Ifá- priesters, watergeestmediums, profetische fraude.
- **Azië** – Handlijnkundigen, astrologen, voorouderlijke zieners, reïncarnatieprofeten.
- **Latijns-Amerika** – Santeriaprofeten, tovermiddelen, heiligen met duistere krachten.
- **Europa** – Tarotkaarten, helderziendheid, mediumcirkels, New Age-channeling.
- **Noord-Amerika** – "Christelijke" paragnosten, numerologie in

kerken, engelenkaarten, spirituele gidsen vermomd als Heilige Geest.

Het gevaarlijke is niet alleen wat ze zeggen, maar ook de **gedachte** erachter.

**Getuigenis: Van helderziende tot Christus**

Een Amerikaanse vrouw getuigde op YouTube hoe ze van een "christelijke profetes" veranderde in het besef dat ze onder een waarzeggende geest opereerde. Ze begon visioenen helder te zien, gedetailleerde profetische woorden te spreken en online grote menigten te trekken. Maar ze worstelde ook met depressies, nachtmerries en hoorde na elke sessie fluisterende stemmen.

Op een dag, tijdens een lezing over *Handelingen 16*, viel de weegschaal van haar af. Ze besefte dat ze zich nooit aan de Heilige Geest had overgegeven – alleen aan haar gave. Na diepe bekering en bevrijding vernietigde ze haar engelkaarten en vastendagboek vol rituelen. Vandaag predikt ze Jezus, niet langer 'woorden'.

**Actieplan – De geesten testen**

1. Vraag: Trekt dit woord/geschenk mij tot **Christus** of tot de **persoon** die het geeft?
2. Beproef elke geest met *1 Johannes 4:1–3*.
3. Toon berouw voor elke betrokkenheid bij psychische, occulte of valse profetische praktijken.
4. Verbreek alle zielsbanden met valse profeten, waarzeggers of hekserijleraren (zelfs online).
5. Verklaar met vrijmoedigheid:

"Ik verwerp elke leugenachtige geest. Ik behoor alleen Jezus toe. Mijn oren zijn afgestemd op Zijn stem!"

**Groepsaanvraag**

- Discussie: Heb je ooit een profeet of spirituele gids gevolgd die later niet van jou bleek te zijn?
- Groepsopdracht: Leid de leden ertoe om afstand te doen van bepaalde praktijken, zoals astrologie, zielslezingen, paranormale spelletjes of spirituele beïnvloeders die niet in Christus geworteld

zijn.
- Nodig de Heilige Geest uit: neem 10 minuten de tijd voor stilte en luister. Deel dan wat God openbaart – als er al iets is.
- Verbrand of verwijder digitale/fysieke items die verband houden met waarzeggerij, zoals boeken, apps, video's en aantekeningen.

**Hulpmiddelen voor de bediening:**

Bevrijdingsolie, kruis (symbool van onderwerping), bak/emmer om symbolische voorwerpen in weg te gooien, aanbiddingsmuziek gericht op de Heilige Geest.

**Belangrijk inzicht**

Niet al het bovennatuurlijke komt van God. Ware profetie komt voort uit intimiteit met Christus, niet uit manipulatie of spektakel.

**Reflectiedagboek**

- Voel ik mij ooit aangetrokken tot paranormale of manipulatieve spirituele praktijken?
- Ben ik meer verslaafd aan "woorden" dan aan het Woord van God?
- Welke stemmen heb ik toegankelijk gemaakt die nu het zwijgen moeten worden opgelegd?

**GEBED OM BEVRIJDING**

Vader, ik kom uit de pas met elke geest van waarzeggerij, manipulatie en valse profetie. Ik heb berouw omdat ik leiding zoek buiten Uw stem om. Reinig mijn geest, mijn ziel en mijn ziel. Leer mij alleen door Uw Geest te wandelen. Ik sluit elke deur die ik bewust of onbewust voor het occulte heb geopend. Ik verklaar dat Jezus mijn Herder is en dat ik alleen Zijn stem hoor. In Jezus' machtige naam, Amen.

# DAG 6: POORTEN VAN HET OOG – HET SLUITEN VAN DE PORTALEN VAN DUISTERNIS

"Het oog is de lamp van het lichaam. Als uw ogen gezond zijn, zal uw hele lichaam verlicht zijn."
— *Matteüs 6:22 (NBV)*

"Ik zal geen kwaad voor mijn ogen stellen..." — *Psalm 101:3 (NBV)*

In het spirituele rijk **zijn je ogen poorten.** Wat via je ogen binnenkomt, beïnvloedt je ziel – voor zuiverheid of vervuiling. De vijand weet dit. Daarom zijn media, afbeeldingen, pornografie, horrorfilms, occulte symbolen, modetrends en verleidelijke content slagvelden geworden.

De strijd om jouw aandacht is een strijd om je ziel.

Wat velen als 'onschuldig vermaak' beschouwen, is vaak een gecodeerde uitnodiging tot lust, angst, manipulatie, trots, ijdelheid, rebellie of zelfs demonische gehechtheid.

**Wereldwijde poorten van visuele duisternis**

- **Afrika** – Rituele films, Nollywood-thema's die hekserij en polygamie normaliseren.
- **Azië** – Anime en manga met spirituele portalen, verleidelijke geesten en astrale reizen.
- **Europa** – Gotische mode, horrorfilms, vampierobsessies, satanische kunst.
- **Latijns-Amerika** – Telenovelas die tovenarij, vloeken en wraak verheerlijken.
- **Noord-Amerika** – Mainstream media, muziekvideo's, pornografie, 'schattige' demonische tekenfilms.

Je wordt ongevoeliger voor datgene waar je voortdurend naar kijkt.

**Verhaal: "De cartoon die mijn kind vervloekte"**

Een moeder uit de VS merkte dat haar 5-jarige 's nachts begon te schreeuwen en verontrustende tekeningen maakte. Na het gebed wees de Heilige Geest haar op een tekenfilm die haar zoon stiekem had zitten kijken – een tekenfilm vol spreuken, pratende geesten en symbolen die ze niet had opgemerkt.

Ze verwijderde de programma's en zalfde haar huis en schermen. Na een aantal nachten van middernachtelijk gebed en Psalm 91 hielden de aanvallen op en sliep de jongen vredig. Ze leidt nu een steungroep die ouders helpt de visuele grenzen van hun kinderen te bewaken.

**Actieplan – De oogpoort zuiveren**

1. Doe een **media-audit** : wat kijk je? Wat lees je? Wat scroll je?
2. Zeg abonnementen of platforms op die je vlees voeden in plaats van je geloof.
3. Zalf uw ogen en uw schermen, en verkondig Psalm 101:3.
4. Vervang rommel door goddelijke inbreng: documentaires, erediensten, puur entertainment.
5. Verklaar:

"Ik zal geen verachtelijke dingen voor mijn ogen plaatsen. Mijn visie behoort aan God."

**Groepsaanvraag**

- Uitdaging: 7-daagse Eye Gate Fast — geen giftige media, geen doelloos scrollen.
- Delen: Welke content mag je volgens de Heilige Geest niet meer bekijken?
- Oefening: Leg uw handen op uw ogen en laat alle onreinheid door het zien varen (bijvoorbeeld pornografie, horror, ijdelheid).
- Activiteit: Nodig leden uit om apps te verwijderen, boeken te verbranden of items weg te gooien die hun zicht aantasten.

**Hulpmiddelen:** olijfolie, apps voor verantwoording, screensavers met Bijbelteksten, gebedskaarten voor de ogen.

**Belangrijk inzicht**
Je kunt geen autoriteit over demonen uitoefenen als zij je vermaken.

**Reflectiedagboek**

- Wat voed ik mijn ogen dat misschien wel duisternis in mijn leven voedt?
- Wanneer heb ik voor het laatst gehuild over wat Gods hart breekt?
- Heb ik de Heilige Geest volledige controle gegeven over mijn schermtijd?

**Gebed van zuiverheid**

*Heer Jezus, ik vraag dat Uw bloed mijn ogen overspoelt. Vergeef me voor de dingen die ik via mijn schermen, boeken en verbeelding heb toegelaten. Vandaag verklaar ik dat mijn ogen voor licht zijn, niet voor duisternis. Ik verwerp elk beeld, elke lust en elke invloed die niet van U komt. Zuiver mijn ziel. Bewaak mijn blik. En laat mij zien wat U ziet – in heiligheid en waarheid. Amen.*

# DAG 7: DE KRACHT ACHTER NAMEN — HET AFZIEN VAN ONHEILIGE IDENTITEITEN

"En Jabez riep de God van Israël aan en zei: 'Och, dat Gij mij werkelijk zegende...' En God gaf hem wat hij gevraagd had."
— *1 Kronieken 4:10*

"U zult niet langer Abram heten, maar Abraham..." — *Genesis 17:5*

Namen zijn niet zomaar labels – het zijn spirituele verklaringen. In de Schrift weerspiegelen namen vaak het lot, de persoonlijkheid of zelfs gebondenheid. Iets een naam geven is het identiteit en richting geven. De vijand begrijpt dit – daarom zitten veel mensen onbewust gevangen onder namen die gegeven worden uit onwetendheid, pijn of spirituele gebondenheid.

Net zoals God namen verandert (Abram in Abraham, Jacob in Israël, Sarai in Sara), verandert Hij ook het lot van Zijn volk door hen een andere naam te geven.

**Globale contexten van naamgebondenheid**

- **Afrika** – Kinderen vernoemd naar overleden voorouders of idolen ("Ogbanje," "Dike," " Ifunanya " verbonden aan betekenissen).
- **Azië** – Reïncarnatienamen die verbonden zijn met karmische cycli of godheden.
- **Europa** – Namen die hun oorsprong vinden in heidense of hekserijgerelateerde tradities (bijv. Freya, Thor, Merlin).
- **Latijns-Amerika** – door Santeria beïnvloede namen, vooral door spirituele dopen.
- **Noord-Amerika** – Namen afkomstig uit de popcultuur, rebelliebewegingen of voorouderlijke toewijdingen.

Namen zijn belangrijk, ze kunnen kracht, zegen of slavernij met zich meebrengen.

**Verhaal: "Waarom ik mijn dochter een andere naam moest geven"**

In *Greater Exploits 14* noemde een Nigeriaans echtpaar hun dochter "Amaka", wat "mooi" betekent, maar ze leed aan een zeldzame ziekte die artsen voor een raadsel stelde. Tijdens een profetische conferentie kreeg de moeder een openbaring: de naam werd ooit gebruikt door haar grootmoeder, een toverdokter, wiens geest nu het kind opeiste.

Ze veranderden haar naam in " Oluwatamilore " (God heeft mij gezegend), gevolgd door vasten en gebeden. Het kind herstelde volledig.

Een ander geval uit India betrof een man genaamd "Karma", die worstelde met generatievloeken. Nadat hij zijn hindoeïstische banden had verzaakt en zijn naam had veranderd in "Jonathan", begon hij een doorbraak te ervaren op financieel en gezondheidsgebied.

**Actieplan – Uw naam onderzoeken**

1. Zoek de volledige betekenis van jullie namen op: voornaam, middelste naam, achternaam.
2. Vraag je ouders of ouderen waarom je die namen hebt gekregen.
3. Verwerp negatieve spirituele betekenissen of toewijdingen in gebed.
4. Verklaar uw goddelijke identiteit in Christus:

"Gods naam is aan mij gewijd. Mijn nieuwe naam staat in de hemel geschreven (Openbaring 2:17)."

## GROEPSBETROKKENHEID

- Vraag leden: Wat betekent je naam? Heb je er ooit over gedroomd?
- Doe een 'naamgevingsgebed', waarbij je op profetische wijze de identiteit van elke persoon verklaart.
- Leg de handen op aan hen die zich moeten losmaken van namen die verbonden zijn met verbonden of voorouderlijke slavernij.

**Hulpmiddelen:** Print kaarten met de betekenis van de namen, neem zalfolie mee en gebruik teksten over naamsveranderingen.

**Belangrijk inzicht**

Je kunt niet je ware identiteit uitdragen als je tegelijkertijd antwoord geeft op een valse identiteit.

**Reflectiedagboek**

- Wat betekent mijn naam – spiritueel en cultureel?
- Voel ik mij verbonden met mijn naam of ertegen?
- Hoe heet ik in de hemel?

**Gebed om hernoemen**

*Vader, in de naam van Jezus dank ik U dat U mij een nieuwe identiteit in Christus hebt gegeven. Ik verbreek elke vloek, elk verbond en elke demonische band die met mijn naam verbonden is. Ik verwerp elke naam die niet in overeenstemming is met Uw wil. Ik ontvang de naam en identiteit die de hemel mij heeft gegeven – vol kracht, doelgerichtheid en zuiverheid. In Jezus' naam, Amen.*

# DAG 8: ONTMASKER VAN VALS LICHT — NEW AGE VALLEN EN ENGELENBEDRIEGINGEN

*"En geen wonder! Want Satan zelf doet zich voor als een engel des lichts."* — 2 Korintiërs 11:14

*"Geliefden, geloof niet elke geest, maar beproef de geesten of zij van God zijn..."* — 1 Johannes 4:1

Het is niet alleen God dat straalt.

In de wereld van vandaag zoekt een groeiend aantal mensen naar "licht", "genezing" en "energie" buiten het Woord van God. Ze wenden zich tot meditatie, yoga-altaren, activering van het derde oog, het oproepen van voorouders, tarotkaarten, maanrituelen, engelachtige channeling en zelfs christelijk klinkende mystiek. De misleiding is sterk omdat het vaak gepaard gaat met vrede, schoonheid en kracht – in eerste instantie.

Maar achter deze bewegingen zitten geesten van waarzeggerij, valse profetieën en oude goden die het masker van licht dragen om legaal toegang te krijgen tot de zielen van mensen.

**Wereldwijd bereik van vals licht**

- **Noord-Amerika** – Kristallen, reiniging met salie, wet van aantrekkingskracht, paragnosten, buitenaardse lichtcodes.
- **Europa** – Heruitvinding van heidendom, godinnenverering, witte hekserij, spirituele festivals.
- **Latijns-Amerika** – Santeria vermengd met katholieke heiligen en spiritistische genezers (curanderos).
- **Afrika** – Profetische vervalsingen met behulp van engelaltaren en ritueel water.
- **Azië** – Chakra's, yoga 'verlichting', reïncarnatiebegeleiding,

tempelgeesten.

Deze praktijken kunnen tijdelijk 'licht' bieden, maar op den duur verduisteren ze de ziel.

**Getuigenis: Bevrijding van het licht dat misleidde**

Mercy (VK) volgde vanuit *Greater Exploits 14 workshops* over engelen en beoefende 'christelijke' meditatie met wierook, kristallen en engelenkaarten. Ze geloofde dat ze toegang had tot Gods licht, maar begon al snel stemmen te horen tijdens haar slaap en voelde 's nachts onverklaarbare angst.

Haar bevrijding begon toen iemand haar *The Jameses Exchange* cadeau deed , en ze de overeenkomsten tussen haar ervaringen en die van een ex-satanist die sprak over engelachtige misleidingen, besefte. Ze bekeerde zich, vernietigde alle occulte objecten en onderwierp zich aan volledige bevrijdingsgebeden.

Tegenwoordig getuigt ze moedig tegen New Age-misleiding in kerken en heeft ze anderen geholpen om soortgelijke paden af te zweren.

**Actieplan – De geesten testen**

1. **Inventariseer uw gewoonten en overtuigingen**. Zijn ze in overeenstemming met de Schrift of voelen ze gewoon spiritueel aan?
2. **Verwerp en vernietig** alle materialen die een vals licht uitstralen: kristallen, yogahandleidingen, engelenkaarten, dromenvangers, enzovoort.
3. **Bid Psalm 119:105** — vraag God om Zijn Woord tot uw enige licht te maken.
4. **Verklaar de oorlog aan verwarring** — bind vertrouwde geesten en valse openbaringen.

## GROEPSAPPLICATIE

- **Bespreek** : Bent u of kent u iemand die zich heeft laten verleiden tot 'spirituele' praktijken die niet op Jezus gericht waren?
- **Rollenspel-onderscheidingsvermogen** : lees fragmenten van 'spirituele' uitspraken (bijv. 'Vertrouw op het universum') en vergelijk

ze met de Schrift.
- **Zalvings- en bevrijdingssessie** : Breek de altaren van het valse licht en vervang ze door een verbond met het *Licht van de wereld* (Johannes 8:12).

**Ministerie-instrumenten** :

- Neem echte New Age-voorwerpen mee (of foto's ervan) om aan de hand van objecten te kunnen lesgeven.
- Bid om bevrijding van geesten die u gelijkgezind zijn (zie Handelingen 16:16–18).

**Belangrijk inzicht**
Het gevaarlijkste wapen van Satan is niet de duisternis — het is vals licht.
**Reflectiedagboek**

- Heb ik geestelijke deuren geopend door middel van 'lichte' leringen die niet geworteld zijn in de Schrift?
- Vertrouw ik op de Heilige Geest of op intuïtie en energie?
- Ben ik bereid om alle vormen van valse spiritualiteit op te geven voor Gods waarheid?

## GEBED VAN VERZAKING

**Vader**, ik bekeer mij voor elke manier waarop ik het valse licht heb vertoefd of ermee heb gecommuniceerd. Ik verwerp alle vormen van New Age, hekserij en bedrieglijke spiritualiteit. Ik verbreek elke zielsband met engelachtige bedriegers, spirituele gidsen en valse openbaringen. Ik ontvang Jezus, het ware Licht van de wereld. Ik verklaar dat ik geen andere stem zal volgen dan die van U, in Jezus' naam. Amen.

# DAG 9: HET ALTAAR VAN BLOED — VERBONDEN DIE EEN LEVEN EISEN

"*En zij bouwden de hoogten van Baäl... om hun zonen en hun dochters door het vuur te laten gaan voor Molech.*" — Jeremia 32:35

"*En zij hebben hem overwonnen door het bloed van het Lam en door het woord van hun getuigenis...*" — Openbaring 12:11

Er zijn altaren die niet alleen je aandacht vragen, maar ook je bloed.

Van oudsher tot op de dag van vandaag zijn bloedverbonden een kernpraktijk van het koninkrijk der duisternis. Sommige worden bewust aangegaan door middel van hekserij, abortus, rituele moorden of occulte inwijdingen. Andere worden geërfd via voorouderlijke praktijken of onbewust verbonden door spirituele onwetendheid.

Overal waar onschuldig bloed wordt vergoten – of het nu in heiligdommen, slaapkamers of vergaderzalen is – spreekt een demonisch altaar.

Deze altaren eisen levens op, maken een einde aan het lot en creëren een wettelijke basis voor demonisch lijden.

**Wereldwijde altaren van bloed**

- **Afrika** – Rituele moorden, geldrituelen, kinderoffers, bloedpacten bij geboorten.
- **Azië** – Bloedoffers in de tempel, familievloeken door abortus of oorlogsverklaringen.
- **Latijns-Amerika** – Santeria-dieroffers, bloedoffers aan de geesten van de doden.
- **Noord-Amerika** – Abortus-als-sacrament-ideologie, demonische bloed-eed-broederschappen.
- **Europa** – Oude druïdische en vrijmetselaarsrituelen, altaren van bloedvergieten uit de Tweede Wereldoorlog waar nog steeds geen

berouw over bestaat.

Als deze verbonden niet worden verbroken, blijven ze levens eisen, vaak in cycli.

**Waargebeurd verhaal: het offer van een vader**

In *Delivered from the Power of Darkness* ontdekte een vrouw uit Centraal-Afrika tijdens een bevrijdingssessie dat haar frequente confrontaties met de dood verband hielden met een bloedeed die haar vader had afgelegd. Hij had haar leven beloofd in ruil voor rijkdom na jaren van onvruchtbaarheid.

Na de dood van haar vader begon ze elk jaar op haar verjaardag schaduwen te zien en bijna fatale ongelukken mee te maken. Haar doorbraak kwam toen ze ertoe werd gebracht om dagelijks Psalm 118:17 – *"Ik zal niet sterven, maar leven..."* – over zichzelf uit te spreken, gevolgd door een reeks gebeden van onthechting en vasten. Tegenwoordig leidt ze een krachtige voorbede.

Een ander verslag uit *Greater Exploits 14* beschrijft een man in Latijns-Amerika die deelnam aan een bende-initiatie waarbij bloed werd vergoten. Jaren later, zelfs nadat hij Christus had aangenomen, was zijn leven voortdurend in beroering – totdat hij het bloedverbond verbrak door een langdurige vastenperiode, openbare biecht en waterdoop. De kwelling hield op.

**Actieplan – Het tot zwijgen brengen van de bloedaltaren**

1. **Toon berouw** voor elke abortus, occulte bloedpacten of erfelijk bloedvergieten.
2. **Verwerp** alle bekende en onbekende bloedverbonden hardop en met naam.
3. **Vast gedurende 3 dagen** en neem dagelijks de communie, waarbij u het bloed van Jezus als uw wettelijke bedekking belijdt.
4. **Verklaar hardop** :

*"Door het bloed van Jezus verbreek ik elk bloedverbond dat voor mij gesloten is. Ik ben verlost!"*

# GROEPSAPPLICATIE

- Bespreek het verschil tussen natuurlijke bloedbanden en demonische bloedverbonden.
- Gebruik rood lint/draad om de bloedaltaren voor te stellen en knip ze profetisch door met een schaar.
- Vraag om een getuigenis van iemand die zich heeft bevrijd uit de slavernij die met bloed verbonden is.

**Ministerie-instrumenten :**

- Communie-elementen
- Zalfolie
- Bevrijdingsverklaringen
- Visueel altaarbrekend bij kaarslicht, indien mogelijk

**Belangrijk inzicht**

Satan handelt in bloed. Jezus betaalde te veel voor jouw vrijheid met Zijn bloed.

**Reflectiedagboek**

- Heb ik of mijn familie deelgenomen aan iets waarbij bloedvergieten of eden zijn gezworen?
- Zijn er terugkerende sterfgevallen, miskramen of gewelddadige patronen in mijn bloedlijn?
- Vertrouw ik er volledig op dat het bloed van Jezus luider over mijn leven zal spreken?

**Gebed om bevrijding**

**Heer Jezus**, ik dank U voor Uw kostbare bloed dat betere dingen spreekt dan het bloed van Abel. Ik bekeer mij voor elk bloedverbond dat ik of mijn voorouders, bewust of onbewust, hebben gesloten. Ik verwerp het nu. Ik verklaar dat ik bedekt ben door het bloed van het Lam. Laat elk demonisch altaar dat mijn leven eist, tot zwijgen worden gebracht en verbrijzeld. Ik leef omdat U voor mij gestorven bent. In Jezus' naam, Amen.

# DAG 10: ONBAARHEID EN GEBROKENHEID — ALS DE BAARMOEDER EEN SLAGVELD WORDT

*"Niemand zal een miskraam krijgen of onvruchtbaar zijn in uw land; Ik zal het getal van uw dagen volmaken."* — Exodus 23:26.

*"Hij geeft de kinderloze vrouw een gezin en maakt haar tot een gelukkige moeder. Loof de Heer!"* — Psalm 113:9

Onvruchtbaarheid is meer dan een medisch probleem. Het kan een spiritueel bolwerk zijn, geworteld in diepe emotionele, voorouderlijke en zelfs territoriale gevechten.

Overal ter wereld wordt onvruchtbaarheid door de vijand gebruikt om vrouwen en gezinnen te beschamen, te isoleren en te vernietigen. Hoewel sommige oorzaken fysiologisch van aard zijn, zijn veel diep spiritueel – verbonden met generatiealtaren, vloeken, spirituele partners, mislukte lotsbestemmingen of zielswonden.

Achter elke onvruchtbare baarmoeder schuilt een belofte in de hemel. Maar vóór de conceptie moet er vaak een strijd worden gevoerd – in de baarmoeder en in de geest.

**Wereldwijde patronen van onvruchtbaarheid**

- **Afrika** – Gelinkt aan polygamie, voorouderlijke vloeken, heiligdompacten en geestenkinderen.
- **Azië** – Karma-overtuigingen, geloften uit vorige levens, generatievloeken, schaamtecultuur.
- **Latijns-Amerika** – Door hekserij veroorzaakte sluiting van de baarmoeder, afgunstspreuken.
- **Europa** – overmatige afhankelijkheid van IVF, kinderoffers in de

vrijmetselarij, schuldgevoelens over abortus.
- **Noord-Amerika** – Emotioneel trauma, zielsverwondingen, miskraamcycli, hormoonverstorende medicijnen.

## ECHTE VERHALEN – VAN tranen tot getuigenissen
### Maria uit Bolivia (Latijns-Amerika)

Maria had vijf miskramen gehad. Elke keer droomde ze dat ze een huilende baby vasthield en zag ze de volgende ochtend bloed. Artsen konden haar toestand niet verklaren. Na het lezen van een getuigenis in *Greater Exploits* besefte ze dat ze een familiealtaar van onvruchtbaarheid had geërfd van een grootmoeder die alle vrouwelijke baarmoeders aan een lokale godheid had gewijd.

Ze vastte en verkondigde 14 dagen lang Psalm 113. Haar dominee leidde haar in het verbreken van het verbond door de communie. Negen maanden later beviel ze van een tweeling.

### Ngozi uit Nigeria (Afrika)

was 10 jaar getrouwd geweest zonder een kind. Tijdens het bevrijdingsgebed werd onthuld dat ze in het geestenrijk getrouwd was met een marinier als echtgenoot. Elke ovulatiecyclus had ze seksuele dromen. Na een reeks middernachtelijke oorlogsgebeden en een profetische handeling waarbij ze haar trouwring van een eerdere occulte initiatie verbrandde, opende haar baarmoeder zich.

### Actieplan – Het openen van de baarmoeder

1. **Identificeer de oorzaak** : voorouderlijk, emotioneel, huwelijksgerelateerd of medisch.
2. **Bekeer u van eerdere mishandelingen** , zielsbanden, seksuele zonden en occulte toewijdingen.
3. **Zalf uw schoot dagelijks,** terwijl u Exodus 23:26 en Psalm 113 uitspreekt.
4. **Vast 3 dagen** en neem dagelijks deel aan de communie. Verwerp alle altaren die aan uw baarmoeder vastzitten.
5. **Spreek hardop** :

*Mijn schoot is gezegend. Ik verwerp elk verbond van onvruchtbaarheid. Ik zal zwanger worden en voldragen door de kracht van de Heilige Geest!*

### Groepsapplicatie

- Nodig vrouwen (en stellen) uit om de lasten van de vertraging te delen in een veilige, gebedsvolle omgeving.
- Draag rode sjaals of doeken die u om uw middel knoopt en vervolgens profetisch losmaakt als teken van vrijheid.
- Leid een profetische naamgevingsceremonie — verklaar kinderen die nog geboren moeten worden door geloof.
- Breek woordvloeken, culturele schaamte en zelfhaat in gebedscirkels.

### Ministerie-instrumenten:

- Olijfolie (zalf baarmoeders)
- Gemeenschap
- Mantels/sjaals (symboliseren bedekking en nieuwheid)

### Belangrijk inzicht

Onvruchtbaarheid is niet het einde – het is een oproep tot oorlog, tot geloof en tot herstel. Gods uitstel is geen ontkenning.

### Reflectiedagboek

- Welke emotionele of spirituele wonden zijn verbonden met mijn baarmoeder?
- Heb ik toegestaan dat schaamte en bitterheid mijn hoop vervangen?
- Ben ik bereid om de grondoorzaken met geloof en actie aan te pakken?

### Gebed om genezing en conceptie

**Vader**, ik sta op Uw Woord dat zegt dat niemand onvruchtbaar zal zijn in het land. Ik verwerp elke leugen, elk altaar en elke geest die mijn vruchtbaarheid in de weg staat. Ik vergeef mezelf en anderen die kwaad over mijn lichaam hebben gesproken. Ik ontvang genezing, herstel en leven. Ik verklaar mijn baarmoeder vruchtbaar en mijn vreugde vol. In Jezus' naam. Amen.

# DAG 11: AUTO-IMMUUNSTOORNISSEN EN CHRONISCHE VERMOEIDHEID — DE ONZICHTBARE OORLOG VAN BINNENUIT

"*En huis dat tegen zichzelf verdeeld is, zal niet standhouden.*" — Mattheüs 12:25

"*Hij geeft de zwakken kracht, en de machtelozen vermeerdert Hij sterkte.*" — Jesaja 40:29

Auto-immuunziekten zijn ziekten waarbij het lichaam zichzelf aanvalt en zijn eigen cellen voor vijanden aanziet. Lupus, reumatoïde artritis, multiple sclerose, Hashimoto en andere vallen onder deze groep.

Chronisch vermoeidheidssyndroom (CVS), fibromyalgie en andere onverklaarbare uitputtingsstoornissen overlappen vaak met auto-immuunziekten. Maar naast de biologische problemen dragen velen die eraan lijden ook emotioneel trauma, zielsverwondingen en spirituele lasten met zich mee.

Het lichaam schreeuwt om medicijnen, maar ook om vrede. Velen zijn innerlijk in oorlog.

**Wereldwijde glimp**

- **Afrika** – Toenemende auto-immuunziekten worden in verband gebracht met trauma, vervuiling en stress.
- **Azië** – Hoge percentages schildklieraandoeningen gelinkt aan voorouderlijke onderdrukking en schaamtecultuur.
- **Europa en Amerika** – Chronische vermoeidheid en burn-outepidemie door prestatiegerichte cultuur.

- **Latijns-Amerika** – Patiënten krijgen vaak een verkeerde diagnose; stigmatisering en spirituele aanvallen door zielsfragmentatie of vloeken.

### Verborgen spirituele wortels

- **Zelfhaat of schaamte** – het gevoel hebben 'niet goed genoeg' te zijn.
- **Onvergevingsgezindheid jegens uzelf of anderen** : het immuunsysteem bootst de spirituele toestand na.
- **Onverwerkt verdriet of verraad** leidt tot vermoeidheid van de ziel en fysieke ineenstorting.
- **Pijlen voor hekserij, jaloezie of kwelling** — worden gebruikt om geestelijke en fysieke kracht uit te putten.

### Ware verhalen – Gevechten die in de duisternis worden uitgevochten
### Elena uit Spanje

Bij Elena werd lupus vastgesteld na een lange gewelddadige relatie die haar emotioneel gebroken achterliet. In therapie en gebed werd onthuld dat ze haat had geïnternaliseerd en geloofde dat ze waardeloos was. Toen ze zichzelf begon te vergeven en haar zielswonden met de Schrift confronteerde, verminderden haar opvlammingen drastisch. Ze getuigt van de helende kracht van het Woord en de reiniging van haar ziel.

### James uit de VS

James, een gedreven topman, stortte in aan CVS na 20 jaar onafgebroken stress. Tijdens zijn bevrijding werd duidelijk dat de mannen in zijn familie geplaagd werden door een generatievloek van strijd zonder rust. Hij begon aan een periode van sabbat, gebed en biecht, en vond niet alleen herstel van zijn gezondheid, maar ook van zijn identiteit.

### Actieplan – Genezing van de ziel en het immuunsysteem

1. **Bid elke ochtend hardop Psalm 103:1-5** , vooral vers 3-5.
2. **Maak een lijst van je innerlijke overtuigingen** - wat zeg je tegen jezelf? Ontkracht leugens.
3. **Vergeef diep** , vooral jezelf.
4. **Neem deel aan het avondmaal** om het lichaamsverbond te herstellen

— zie Jesaja 53.
5. **Rust in God** — De sabbat is niet optioneel, het is een geestelijke strijd tegen burn-out.

*Ik verklaar dat mijn lichaam niet mijn vijand is. Elke cel in mij zal zich afstemmen op goddelijke orde en vrede. Ik ontvang Gods kracht en genezing.*

### Groepsapplicatie

- Laat leden vermoeidheidspatronen of emotionele uitputting delen die ze verbergen.
- Doe een 'soul dump'-oefening: schrijf je lasten op en verbrand of begraaf ze vervolgens symbolisch.
- Leg de handen op degenen die lijden aan auto-immuun symptomen; zorg voor evenwicht en vrede.
- Moedig aan om gedurende 7 dagen een dagboek bij te houden over emotionele triggers en helende Schriftgedeelten.

### Ministerie-instrumenten:

- Essentiële oliën of geurige zalving voor verfrissing
- Dagboeken of notitieblokken
- Psalm 23 meditatie soundtrack

### Belangrijk inzicht

Wat de ziel aanvalt, manifesteert zich vaak in het lichaam. Genezing moet van binnenuit komen.

### Reflectiedagboek

- Voel ik mij veilig in mijn eigen lichaam en gedachten?
- Schaam ik mij of voel ik mij schuldig vanwege fouten of trauma's uit het verleden?
- Wat kan ik doen om rust en vrede als spirituele gewoonte te beschouwen?

### Gebed om herstel

**Heer Jezus**, U bent mijn Genezer. Vandaag verwerp ik elke leugen dat ik gebroken, vuil of verdoemd ben. Ik vergeef mezelf en anderen. Ik zegen elke cel in mijn lichaam. Ik ontvang vrede in mijn ziel en een evenwicht in mijn immuunsysteem. Door Uw striemen ben ik genezen. Amen.

# DAG 12: EPILEPSIE & MENTALE KWETSBAARHEID — ALS DE GEEST EEN SLAGVELD WORDT

"*Heer, wees mijn zoon genadig, want hij is maanziek en zeer gekweld, want hij valt dikwijls in het vuur en dikwijls in het water.*" — Mattheüs 17:15

"*God heeft ons niet een geest van vrees gegeven, maar van kracht, liefde en bezonnenheid.*" — 2 Timotheüs 1:7

Sommige aandoeningen zijn niet alleen medisch van aard: het zijn spirituele strijdtonelen vermomd als ziekte.

Epilepsie, aanvallen, schizofrenie, bipolaire stoornissen en mentale kwellingen hebben vaak onzichtbare oorzaken. Hoewel medicatie een rol kan spelen, is onderscheidingsvermogen cruciaal. In veel Bijbelverhalen waren aanvallen en psychische aanvallen het gevolg van demonische onderdrukking.

De moderne maatschappij gebruikt medicijnen die Jezus vaak *uitwierp*.

**Globale realiteit**

- **Afrika** – Aanvallen die vaak worden toegeschreven aan vloeken of voorouderlijke geesten.
- **Azië** – Epileptici worden vaak verborgen gehouden uit schaamte en spiritueel stigma.
- **Latijns-Amerika** – Schizofrenie in verband met hekserij van generatie op generatie of afgebroken roepingen.
- **Europa en Noord-Amerika** – Overdiagnose en overmedicatie maskeren vaak demonische oorzaken.

### Echte verhalen – Bevrijding in het vuur
**Musa uit Noord-Nigeria**

Musa had al sinds zijn jeugd epileptische aanvallen. Zijn familie probeerde van alles – van inheemse dokters tot kerkelijke gebeden. Op een dag, tijdens een bevrijdingsdienst, onthulde de Geest dat Musa's grootvader hem had aangeboden in een heksenruil. Nadat hij het verbond had verbroken en hem had gezalfd, heeft hij nooit meer een aanval gehad.

**Daniel uit Peru**

Daniel, bij wie een bipolaire stoornis was vastgesteld, worstelde met heftige dromen en stemmen. Later ontdekte hij dat zijn vader betrokken was geweest bij geheime satanische rituelen in de bergen. Bevrijdingsgebeden en een driedaagse vasten brachten helderheid. De stemmen stopten. Vandaag de dag is Daniel kalm, hersteld en bereidt hij zich voor op zijn bediening.

### Tekenen om op te letten

- Herhaalde aanvallen zonder bekende neurologische oorzaak.
- Stemmen, hallucinaties, gewelddadige of suïcidale gedachten.
- Verlies van tijd of geheugen, onverklaarbare angst of lichamelijke aanvallen tijdens het gebed.
- Familiepatronen van krankzinnigheid of zelfmoord.

### Actieplan – Autoriteit nemen over de geest

1. Toon berouw voor alle bekende occulte banden, trauma's of vloeken.
2. Leg elke dag uw handen op uw hoofd en verkondig daarbij uw gezonde verstand (2 Timotheüs 1:7).
3. Vast en bid voor geesten die uw geest kunnen verbinden.
4. Verbreek voorouderlijke eden, toewijdingen en bloedlijnvloeken.
5. Als het mogelijk is, sluit u dan aan bij een sterke gebedspartner of bevrijdingsteam.

*Ik verwerp elke geest van kwelling, beklemming en verwarring. Ik ontvang een helder verstand en stabiele emoties in Jezus' naam!*

### Groepsbediening & Toepassing

- Identificeer patronen van psychische aandoeningen of aanvallen in de familie.
- Bid voor degenen die lijden. Gebruik zalfolie op hun voorhoofd.
- Laat voorbidders door de kamer lopen en roepen: "Zwijg, wees stil!" (Marcus 4:39)
- Nodig de getroffenen uit om mondelinge afspraken te verbreken: "Ik ben niet krankzinnig. Ik ben genezen en heel."

**Ministerie-instrumenten:**

- Zalfolie
- Genezingsverklaringskaarten
- Aanbiddingsmuziek die vrede en identiteit bevordert

**Belangrijk inzicht**

Niet elke aandoening is alleen fysiek. Sommige zijn geworteld in oude verbonden en demonische juridische grondslagen die geestelijk aangepakt moeten worden.

**Reflectiedagboek**

- Ben ik ooit gekweld in mijn gedachten of in mijn slaap?
- Zijn er onverwerkte trauma's of spirituele deuren die ik moet sluiten?
- Welke waarheid kan ik dagelijks verkondigen om mijn geest te verankeren in Gods Woord?

**Gebed van Gezondheid**

**Heer Jezus**, U bent de Hersteller van mijn geest. Ik verwerp elk verbond, trauma of demonische geest die mijn hersenen, emoties en helderheid aanvalt. Ik ontvang genezing en een gezonde geest. Ik besluit dat ik zal leven en niet zal sterven. Ik zal in volle kracht functioneren, in Jezus' naam. Amen.

# DAG 13: GEEST VAN ANGST — HET DOORBREKEN VAN DE KOOI VAN ONZICHTBARE KWELLING

"*Want God heeft ons niet gegeven een geest van vreesachtigheid, maar van kracht, van liefde en van bezonnenheid.*" — 2 Timotheüs 1:7

"*Vrees brengt kwelling met zich mee...*" — 1 Johannes 4:18

Angst is niet zomaar een emotie – het kan een *geest zijn*.

Het fluistert mislukking in voordat je begint. Het vergroot afwijzing. Het verlamt het doel. Het verlamt naties.

Velen zitten in onzichtbare gevangenissen die gebouwd zijn door angst: angst voor de dood, falen, armoede, mensen, ziekte, geestelijke strijd en het onbekende.

Achter veel angstaanvallen, paniekstoornissen en irrationele fobieën schuilt een spirituele opdracht die erop gericht is **het lot te neutraliseren**.

**Wereldwijde manifestaties**

- **Afrika** – Angst die geworteld is in generatievloeken, voorouderlijke wraak of hekserij.
- **Azië** – Culturele schaamte, karmische angst, reïncarnatieangst.
- **Latijns-Amerika** – Angst voor vloeken, dorpslegendes en spirituele vergelding.
- **Europa en Noord-Amerika** – Verborgen angst, gediagnosticeerde stoornissen, angst voor confrontatie, succes of afwijzing – vaak spiritueel, maar gelabeld als psychologisch.

**Echte verhalen – De geest ontmaskeren**
**Sarah uit Canada**

Jarenlang kon Sarah niet slapen in het donker. Ze voelde altijd een aanwezigheid in de kamer. Artsen diagnosticeerden het als angst, maar geen enkele behandeling werkte. Tijdens een online bevrijdingssessie werd onthuld dat een angst uit haar kindertijd de deur opende naar een kwellende geest via een nachtmerrie en een horrorfilm. Ze bekeerde zich, verwierp de angst en beval hem te vertrekken. Ze slaapt nu in vrede.

**Uche uit Nigeria**

Uche werd geroepen om te preken, maar elke keer dat hij voor mensen stond, verstijfde hij. De angst was onnatuurlijk – hij stikte, hij verlamde. In gebed toonde God hem een woordvloek, uitgesproken door een leraar die hem als kind had bespot. Dat woord vormde een spirituele keten. Toen hij eenmaal gebroken was, begon hij met vrijmoedigheid te preken.

**Actieplan – Angst overwinnen**

1. **Belijd elke angst bij naam** : "Ik verwerp de angst voor [_____] in Jezus' naam."
2. **Lees elke dag hardop Psalm 27 en Jesaja 41.**
3. **Aanbid totdat vrede plaats maakt voor paniek.**
4. **Weg met de op angst gebaseerde media: horrorfilms, nieuws, roddels.**
5. **Verklaar dagelijks** : "Ik heb een gezond verstand. Ik ben geen slaaf van angst."

**Groepsaanvraag – Community Breakthrough**

- Vraag de groepsleden: Welke angst heeft je het meest verlamd?
- Verdeel de groep in kleine groepjes en leid gebeden van **onthechting** en **vervanging** (bijvoorbeeld: angst → stoutmoedigheid, bezorgdheid → vertrouwen).
- Laat iedereen een angst opschrijven en verbranden als een profetische daad.
- Gebruik *zalfolie* en *schriftbelijdenissen* over elkaar.

**Ministerie-instrumenten:**

- Zalfolie
- Schriftverklaringskaarten
- Aanbiddingslied: "No Longer Slaves" van Bethel

**Belangrijk inzicht**

Angst die getolereerd wordt, is **besmet geloof**.

Je kunt niet tegelijkertijd stoutmoedig en bang zijn – kies voor stoutmoedigheid.

**Reflectiedagboek**

- Welke angst is mij bijgebleven sinds mijn kindertijd?
- Welke invloed heeft angst op mijn beslissingen, gezondheid of relaties?
- Wat zou ik anders doen als ik volledig vrij was?

**Gebed om vrijheid van angst**

**Vader** , ik verwerp de geest van angst. Ik sluit elke deur, door trauma, woorden of zonde, die angst toegang gaf. Ik ontvang de Geest van kracht, liefde en een helder verstand. Ik verklaar vrijmoedigheid, vrede en overwinning in Jezus' naam. Angst heeft geen plaats meer in mijn leven. Amen.

# DAG 14: SATANISCHE MERKNAAM — HET ONHEILIGE MERK UITWISSEN

"*Laat niemand mij meer lastig vallen, want ik draag de littekens van de Heere Jezus in mijn lichaam.*" — Galaten 6:17
"*Zij zullen Mijn Naam op de kinderen Israëls leggen, en Ik zal hen zegenen.*" — Numeri 6:27

Veel bestemmingen worden in stilte *getekend* in het spirituele rijk — niet door God, maar door de vijand.

Deze satanische markeringen kunnen zich voordoen in de vorm van vreemde lichaamskenmerken, dromen over tatoeages of brandmerken, traumatisch misbruik, bloedrituelen of geërfde altaren. Sommige zijn onzichtbaar – alleen te onderscheiden door spirituele gevoeligheid – terwijl andere zich manifesteren als fysieke tekenen, demonische tatoeages, spirituele brandmerken of aanhoudende kwalen.

Wanneer iemand door de vijand getekend is, kan hij/zij het volgende ervaren:

- Voortdurende afwijzing en haat zonder reden.
- Herhaalde spirituele aanvallen en blokkades.
- Vroegtijdig overlijden of gezondheidscrises op bepaalde leeftijden.
- Wordt gevolgd in de geest — altijd zichtbaar voor de duisternis.

Deze merktekens functioneren als *legale labels*, die duistere geesten toestemming geven om te kwellen, te vertragen of te controleren.

Maar het bloed van Jezus **reinigt** en **verandert**.

**Globale uitdrukkingen**

- **Afrika** – Stammarkeringen, rituele snijwonden, occulte initiatielittekens.

- **Azië** – Spirituele zegels, voorouderlijke symbolen, karmische merktekens.
- **Latijns-Amerika** – Brujeria (hekserij) initiatietekens, geboortetekens die gebruikt worden bij rituelen.
- **Europa** – Vrijmetselarij-emblemen, tatoeages die spirituele gidsen aanroepen.
- **Noord-Amerika** – New age-symbolen, tatoeages van ritueel misbruik, demonische brandmerken via occulte verbonden.

### Echte verhalen – De kracht van rebranding
### David uit Oeganda

David werd voortdurend met afwijzing geconfronteerd. Niemand kon uitleggen waarom, ondanks zijn talent. Tijdens een gebed zag een profeet een 'spirituele X' op zijn voorhoofd – een teken van een ritueel uit zijn jeugd, uitgevoerd door een dorpspastoor. Tijdens de bevrijding werd het teken geestelijk uitgewist door zalfolie en verklaringen over het bloed van Jezus. Zijn leven veranderde binnen enkele weken – hij trouwde, kreeg een baan en werd jeugdleider.

### Sandra uit Brazilië

Sandra had een drakentatoeage uit haar tienertijd. Nadat ze haar leven aan Christus had gegeven, kreeg ze te maken met hevige geestelijke aanvallen wanneer ze vastte of bad. Haar dominee zag dat de tatoeage een demonisch symbool was dat verband hield met het observeren van geesten. Na een sessie van berouw, gebed en innerlijke genezing liet ze de tatoeage verwijderen en verbrak ze de zielsband. Haar nachtmerries hielden onmiddellijk op.

### Actieplan – Wis het merkteken uit

1. **Vraag de Heilige Geest** om alle geestelijke of fysieke kenmerken in uw leven te onthullen.
2. **Berouw tonen** voor elke persoonlijke of geërfde betrokkenheid bij de rituelen die hen in staat stelden.
3. **Smeer het bloed van Jezus** op uw lichaam: voorhoofd, handen, voeten.
4. **Verbreek de controlerende geesten, zielsbanden en wettelijke rechten die** aan de merktekens verbonden zijn (zie onderstaande

schriftgedeelten).
5. **Verwijder fysieke tatoeages of voorwerpen** (zoals aangegeven) die gelinkt zijn aan duistere convenanten.

### Groepsaanvraag – Rebranding in Christus

- Vraag de groepsleden: Heb je ooit een merk gehad of ervan gedroomd om gebrandmerkt te worden?
- Leid een gebed van **reiniging en hertoewijding** aan Christus.
- Zalf uw voorhoofd met olie en zeg: *'U draagt nu het merkteken van de Heer Jezus Christus.'*
- Breek met de controlerende geesten en verander hun identiteit in Christus.

### Ministerie-instrumenten:

- Olijfolie (gezegend voor zalving)
- Spiegel of witte doek (symbolische washandeling)
- Communie (bezegel de nieuwe identiteit)

### Belangrijk inzicht

Wat in de geest is gemarkeerd, wordt **in de geest gezien** : verwijder datgene waarmee de vijand je heeft gemarkeerd.

### Reflectiedagboek

- Heb ik ooit vreemde vlekken, blauwe plekken of symbolen op mijn lichaam gezien zonder enige verklaring?
- Zijn er voorwerpen, piercings of tatoeages waar ik afstand van moet doen of die ik moet verwijderen?
- Heb ik mijn lichaam volledig opnieuw toegewijd als tempel van de Heilige Geest?

### Gebed voor rebranding

**Heer Jezus** , ik verwerp elk merkteken, verbond en toewijding die buiten Uw wil in mijn lichaam of geest is gemaakt. Door Uw bloed wis ik elk satanisch merkteken uit. Ik verklaar dat ik alleen voor Christus ben getekend. Laat Uw zegel van eigendom op mij rusten en laat elke controlerende geest mij nu uit het oog verliezen. Ik ben niet langer zichtbaar voor de duisternis. Ik wandel vrij – in Jezus' naam, Amen.

# DAG 15: HET SPIEGELRIJK — ONTSNAPPEN UIT DE GEVANGENIS VAN REFLECTIES

"*Want nu zien wij door een spiegel, in raadselen, maar straks van aangezicht tot aangezicht...*" — 1 Korintiërs 13:12

"*Ze hebben ogen, maar kunnen niet zien, oren, maar kunnen niet horen...*" — Psalm 115:5–6

Er is een **spiegelrijk** in de geestenwereld – een plek van *valse identiteiten*, spirituele manipulatie en duistere reflecties. Wat velen in dromen of visioenen zien, zijn mogelijk spiegels die niet van God afkomstig zijn, maar instrumenten van misleiding uit het duistere rijk.

In het occulte worden spiegels gebruikt om **zielen te vangen**, **levens te monitoren** of **persoonlijkheden over te brengen**. Tijdens sommige bevrijdingssessies melden mensen dat ze zichzelf 'levend' op een andere plek zien – in een spiegel, op een scherm of achter een spirituele sluier. Dit zijn geen hallucinaties. Het zijn vaak satanische gevangenissen die ontworpen zijn om:

- Fragmenteer de ziel
- Het lot uitstellen
- Verwar identiteit
- Organiseer alternatieve spirituele tijdlijnen

*valse versie van jezelf* creëren die onder demonische controle leeft, terwijl je ware zelf in verwarring of verslagenheid leeft.

**Globale uitdrukkingen**

- **Afrika** – Spiegelhekserij die door tovenaars wordt gebruikt om mensen te observeren, te vangen of aan te vallen.

- **Azië** – Sjamanen gebruiken kommen met water of gepolijste stenen om geesten te 'zien' en op te roepen.
- **Europa** – Zwarte spiegelrituelen, necromantie door reflecties.
- **Latijns-Amerika** – Kijken door obsidiaanspiegels in de Azteekse traditie.
- **Noord-Amerika** – Spiegelportalen uit het Nieuwe Tijdperk, spiegelkijken voor astrale reizen.

**Getuigenis — "Het meisje in de spiegel"**
**Maria uit de Filipijnen**

Maria droomde ervan gevangen te zitten in een kamer vol spiegels. Elke keer dat ze vooruitgang boekte in haar leven, zag ze een versie van zichzelf in de spiegel die haar achteruit trok. Op een avond, tijdens haar bevrijding, schreeuwde ze en beschreef ze hoe ze zichzelf "uit een spiegel zag lopen", de vrijheid in. Haar dominee zalfde haar ogen en leidde haar in het afzweren van spiegelmanipulatie. Sindsdien zijn haar mentale helderheid, haar werk en haar gezinsleven veranderd.

**David uit Schotland.**

David, ooit verdiept in new age-meditatie, beoefende 'spiegelschaduwwerk'. Na verloop van tijd begon hij stemmen te horen en zichzelf dingen te zien doen die hij nooit van plan was. Nadat hij Christus had aanvaard, verbrak een bevrijdingsprediker de banden van de spiegelziel en bad voor zijn geest. David gaf aan dat hij zich voor het eerst in jaren voelde alsof de mist was opgetrokken.

**Actieplan – Verbreek de spiegelspreuk**

1. **Verwerp** elke bekende of onbekende betrokkenheid bij spiegels die spiritueel gebruikt worden.
2. **Bedek alle spiegels in uw huis** met een doek tijdens het gebed of vasten (indien geleid).
3. **Zalf uw ogen en uw voorhoofd** en verklaar dat u nu alleen nog ziet wat God ziet.
4. **Gebruik de Schrift** om uw identiteit in Christus te verklaren, en niet in een valse weerspiegeling:
    - *Jesaja 43:1*
    - *2 Korintiërs 5:17*

○ *Johannes 8:36*

## GROEPSAPPLICATIE – Identiteitsherstel

- Vraag: Heb je ooit gedroomd waarin spiegels, dubbelgangers of mensen die bekeken werden, voorkwamen?
- Leid een gebed voor identiteitsherstel, waarbij je je bevrijdt van valse versies van jezelf.
- Leg de handen op de ogen (symbolisch of in gebed) en bid voor helderheid van het zicht.
- Gebruik een spiegel in de groep om profetisch te verklaren: *"Ik ben wie God zegt dat ik ben. Niets anders."*

**Ministerie-instrumenten:**

- Witte doek (bedekt symbolen)
- Olijfolie voor zalving
- Gids voor profetische spiegelverklaringen

**Belangrijk inzicht**
De vijand houdt ervan om het beeld dat jij van jezelf hebt te verdraaien. Jouw identiteit is immers de toegangspoort tot je lot.

**Reflectiedagboek**

- Heb ik leugens geloofd over wie ik ben?
- Heb ik ooit deelgenomen aan spiegelrituelen of onbewust spiegelhekserij toegelaten?
- Wat zegt God over wie ik ben?

**Gebed om vrijheid uit het spiegelrijk**
**Vader in de hemel**, ik verbreek elk verbond met het spiegelrijk – elke duistere weerspiegeling, spirituele dubbelganger en vervalste tijdlijn. Ik doe afstand van alle valse identiteiten. Ik verklaar dat ik ben wie U zegt dat ik ben. Door het bloed van Jezus stap ik uit de gevangenis van weerspiegelingen en in

de volheid van mijn doel. Vanaf vandaag zie ik met de ogen van de Geest – in waarheid en helderheid. In Jezus' naam, Amen.

# DAG 16: DE BAND VAN WOORDVLOEKEN VERBREKEN — JE NAAM, JE TOEKOMST TERUGVRAGEN

"*Dood en leven zijn in de macht van de tong...*" — Spreuken 18:21
"*Geen enkel wapen dat tegen u gesmeed wordt, zal succes hebben, en elke tong die in het gericht tegen u opstaat, zult u veroordelen...*" — Jesaja 54:17

Woorden zijn niet zomaar klanken – ze zijn **spirituele dragers**, die de kracht dragen om te zegenen of te binden. Veel mensen leven onbewust onder het **gewicht van vloeken die** over hen uitgesproken worden door ouders, leraren, spirituele leiders, ex-geliefden of zelfs door henzelf.

Sommigen hebben dit al eerder gehoord:

- "Jij zult nooit iets bereiken."
- "Je bent net als je vader: nutteloos."
- "Alles wat je aanraakt, faalt."
- "Als ik je niet kan krijgen, zal niemand je krijgen."
- "Je bent vervloekt... kijk maar."

Woorden als deze, eenmaal uitgesproken in woede, haat of angst – vooral door iemand met gezag – kunnen een spirituele valstrik worden. Zelfs zelfuitgesproken verwensingen zoals *"Ik wou dat ik nooit geboren was"* of *"Ik zal nooit trouwen"* kunnen de vijand juridische grond verschaffen.

**Globale uitdrukkingen**

- **Afrika** – Stammenvloeken, ouderlijke vloeken over rebellie, marktplaatsvloeken.
- **Azië** – Op karma gebaseerde woordverklaringen, voorouderlijke geloften uitgesproken over kinderen.

- **Latijns-Amerika** – Brujeria (hekserij) vloeken die worden geactiveerd door gesproken woorden.
- **Europa** – Gesproken heksen, familie "voorspellingen" die zichzelf vervullen.
- **Noord-Amerika** – Verbaal geweld, occulte gezangen, zelfhaatbevestigingen.

Of het nu gefluisterd of geschreeuwd wordt, vloeken die met emotie en overtuiging worden uitgesproken, hebben gewicht in de geest.

**Getuigenis — "Toen mijn moeder over de dood sprak"**
**Keisha (Jamaica)**

Keisha groeide op met de woorden van haar moeder: *"Jij bent de reden dat mijn leven verwoest is."* Op elke verjaardag gebeurde er wel iets ergs. Op haar 21e deed ze een zelfmoordpoging, ervan overtuigd dat haar leven waardeloos was. Tijdens een bevrijdingsdienst vroeg de predikant: *"Wie heeft de dood over jouw leven uitgesproken?"* Ze stortte in. Nadat ze de woorden had verworpen en vergeving had losgelaten, ervoer ze eindelijk vreugde. Nu leert ze jonge meisjes hoe ze het leven over zichzelf kunnen uitspreken.

**Andrei (Roemenië)**

Andrei's leraar zei ooit: *"Je belandt in de gevangenis of sterft voor je 25e."* Die uitspraak bleef hem achtervolgen. Hij verviel in criminaliteit en werd op 24-jarige leeftijd gearresteerd. In de gevangenis ontmoette hij Christus en besefte hij de vloek waarmee hij had ingestemd. Hij schreef de leraar een vergevingsbrief, verscheurde elke leugen die over hem werd uitgesproken en begon Gods beloften te verkondigen. Hij leidt nu een outreach-programma voor mensen in de gevangenis.

**Actieplan – Keer de vloek om**

1. Schrijf negatieve uitspraken op die anderen of uzelf tegen u hebben gedaan.
2. in het gebed **elk vloekend woord** (spreek het hardop uit).
3. **Vergeef** de persoon die vergeving heeft uitgesproken.
4. **Spreek Gods waarheid** over uzelf uit, zodat de vloek wordt vervangen door een zegen:
    - *Jeremia 29:11*

- *Deuteronomium 28:13*
- *Romeinen 8:37*
- *Psalm 139:14*

## Groepsapplicatie – De kracht van woorden

- Vraag: Welke uitspraken hebben jouw identiteit gevormd — goed of slecht?
- Spreek in groepen hardop (met gevoel) vloeken uit en vervang dit door zegeningen.
- Gebruik Bijbelkaarten: iedere persoon leest hardop drie waarheden over zijn of haar identiteit.
- Moedig de leden aan om een 7-daags *zegenbesluit* over zichzelf uit te spreken.

## Ministerie-instrumenten:

- Flitskaarten met schriftidentiteit
- Olijfolie om de mond te zalven (heiligende spraak)
- Spiegelverklaringen - spreek dagelijks de waarheid over je spiegelbeeld

## Belangrijk inzicht

Als er een vloek is uitgesproken, kan die verbroken worden – en er kan een nieuw woord van leven in de plaats worden gesproken.

## Reflectiedagboek

- Wiens woorden hebben mijn identiteit gevormd?
- Heb ik mezelf vervloekt uit angst, woede of schaamte?
- Wat zegt God over mijn toekomst?

## Gebed om woordvloeken te verbreken

**Heer Jezus**, ik verwerp elke vloek die over mijn leven is uitgesproken – door familie, vrienden, leraren, geliefden en zelfs door mijzelf. Ik vergeef elke stem die mislukking, afwijzing of dood verkondigde. Ik breek nu de kracht van die woorden, in Jezus' naam. Ik spreek zegen, gunst en bestemming uit over mijn leven. Ik ben wie U zegt dat ik ben – geliefd, uitverkoren, genezen en vrij. In Jezus' naam. Amen.

# DAG 17: BEVRIJDING VAN CONTROLE EN MANIPULATIE

"*Hekserij bestaat niet altijd uit gewaden en ketels - soms zijn het woorden, emoties en onzichtbare leibanden.*"

"Want opstandigheid is als de zonde van toverij, en koppigheid is als ongerechtigheid en afgoderij."
— *1 Samuël 15:23*

Hekserij vind je niet alleen in heiligdommen. Het draagt vaak een glimlach en manipuleert door middel van schuldgevoelens, bedreigingen, vleierij of angst. De Bijbel stelt rebellie – vooral rebellie die goddeloze controle over anderen uitoefent – gelijk aan hekserij. Telkens wanneer we emotionele, psychologische of spirituele druk gebruiken om de wil van een ander te domineren, begeven we ons op gevaarlijk terrein.

**Wereldwijde manifestaties**

- **Afrika** – Moeders die hun kinderen in woede vervloeken, geliefden die anderen vastbinden met "juju" of liefdesdrankjes, spirituele leiders die hun volgelingen intimideren.
- **Azië** – Goeroe-controle over discipelen, ouderlijke chantage bij gearrangeerde huwelijken, manipulatie van energiekoorden.
- **Europa** – Vrijmetselaarseden die generatiegedrag, religieuze schuld en overheersing controleren.
- **Latijns-Amerika** – Brujería (hekserij) gebruikt om partners te behouden, emotionele chantage geworteld in familievloeken.
- **Noord-Amerika** – Narcistische opvoeding, manipulatief leiderschap vermomd als "spirituele bedekking", op angst gebaseerde profetieën.

De stem van hekserij fluistert vaak: *"Als je dit niet doet, verlies je mij, verlies je de gunst van God of zul je lijden."*

Maar ware liefde manipuleert nooit. Gods stem brengt altijd vrede, helderheid en keuzevrijheid.

**Waargebeurd verhaal: het verbreken van de onzichtbare leiband**

**Grace uit Canada** was nauw betrokken bij een profetische bediening waarbij de leider begon te dicteren met wie ze mocht daten, waar ze mocht wonen en zelfs hoe ze moest bidden. In het begin voelde het spiritueel, maar na verloop van tijd voelde ze zich gevangen in zijn mening. Telkens wanneer ze probeerde een onafhankelijke beslissing te nemen, kreeg ze te horen dat ze "in opstand kwam tegen God". Na een inzinking en het lezen van *Greater Exploits 14* besefte ze dat dit charismatische hekserij was – controle vermomd als profetie.

Grace verbrak de zielsband met haar spirituele leider, bekeerde zich voor haar eigen instemming met manipulatie en sloot zich aan bij een lokale gemeenschap voor genezing. Vandaag de dag is ze compleet en helpt ze anderen om uit religieus misbruik te komen.

**Actieplan – Hekserij in relaties herkennen**

1. Vraag jezelf af: *Voel ik me vrij bij deze persoon, of ben ik bang om hem of haar teleur te stellen?*
2. Noem relaties waarin schuldgevoelens, bedreigingen of vleierij worden gebruikt als controlemiddelen.
3. Neem afstand van alle emotionele, spirituele of zielsbanden die ervoor zorgen dat u zich gedomineerd of stemloos voelt.
4. Bid hardop om elke manipulatieve keten in je leven te verbreken.

**Schrifthulpmiddelen**

- **1 Samuël 15:23** – Opstand en toverij
- **Galaten 5:1** – "Houd stand... en laat u niet opnieuw met een slavenjuk belasten."
- **2 Korintiërs 3:17** – "Waar de Geest van de Heer is, daar is vrijheid."
- **Micha 3:5-7** – Valse profeten die intimidatie en omkoping gebruiken

## Groepsdiscussie en toepassing

- Deel (desgewenst anoniem) een moment waarop je je spiritueel of emotioneel gemanipuleerd voelde.
- Speel een rollenspel van een 'waarheidsvertellend' gebed — waarbij je de controle over anderen loslaat en je eigen wil terugkrijgt.
- Laat de leden brieven schrijven (echte of symbolische) waarin ze de banden met machthebbers verbreken en de vrijheid in Christus verkondigen.

## Ministerie-instrumenten:

- Koppel bevrijdingspartners.
- Gebruik zalfolie om de vrijheid over de geest en de wil uit te roepen.
- Gebruik de communie om het verbond met Christus, de *enige ware bedekking, te herstellen*.

## Belangrijk inzicht

Waar manipulatie leeft, bloeit hekserij. Maar waar Gods Geest is, is vrijheid.

## Reflectiedagboek

- Wie of wat heb ik toegestaan mijn stem, wil of richting te bepalen?
- Heb ik ooit angst of vleierij gebruikt om mijn zin te krijgen?
- Welke stappen ga ik vandaag ondernemen om in de vrijheid van Christus te wandelen?

## Gebed om bevrijding

*Hemelse Vader, ik verwerp elke vorm van emotionele, spirituele en psychologische manipulatie die in of om mij heen plaatsvindt. Ik verbreek elke zielsband die geworteld is in angst, schuldgevoel en controle. Ik breek los van rebellie, overheersing en intimidatie. Ik verklaar dat ik alleen door Uw Geest geleid word. Ik ontvang genade om te wandelen in liefde, waarheid en vrijheid. In Jezus' naam. Amen.*

# DAG 18: DE MACHT VAN ONVERGEVINGSGEVOEL EN BITTERHEID DOORBREKEN

"*Onvergevenheid is als vergif drinken en verwachten dat de ander sterft.*"

"**Zorg ervoor dat er geen bittere wortel opschiet die onrust veroorzaakt en velen verontreinigt.**"
— *Hebreeën 12:15*

Bitterheid is een stille vernietiger. Het kan beginnen met pijn – verraad, een leugen, een verlies – maar als het niet onder controle wordt gehouden, verergert het tot onvergevingsgezindheid en uiteindelijk tot een wortel die alles vergiftigt.

Onvergevingsgezindheid opent de deur voor kwellende geesten (Matteüs 18:34). Het vertroebelt het onderscheidingsvermogen, verhindert genezing, smoort je gebeden en blokkeert de stroom van Gods kracht.

Bevrijding gaat niet alleen over het uitdrijven van demonen. Het gaat over het loslaten van wat je binnenin vasthoudt.

## WERELDWIJDE UITINGEN van bitterheid

- **Afrika** – Stammenoorlogen, politiek geweld en familieverraad dat van generatie op generatie wordt doorgegeven.
- **Azië** – Oneer tussen ouders en kinderen, kaste-gerelateerde wonden, religieus verraad.
- **Europa** – Generaties lang zwijgen over misbruik, bitterheid over echtscheiding of ontrouw.
- **Latijns-Amerika** – Wonden door corrupte instellingen, afwijzing

door de familie, spirituele manipulatie.
- **Noord-Amerika** – Kerkverwondingen, raciaal trauma, afwezige vaders, onrecht op de werkvloer.

Bitterheid schreeuwt niet altijd. Soms fluistert het: "Ik zal nooit vergeten wat ze deden."

Maar God zegt: *Laat het los – niet omdat zij het verdienen, maar omdat **jij** het verdient.*

### Waargebeurd verhaal - De vrouw die niet wilde vergeven

**Maria uit Brazilië** was 45 toen ze voor het eerst naar de verlossing kwam. Elke nacht droomde ze ervan gewurgd te worden. Ze had maagzweren, een hoge bloeddruk en was depressief. Tijdens de sessie werd onthuld dat ze haat koesterde jegens haar vader, die haar als kind mishandelde en later het gezin in de steek liet.

Ze was christen geworden, maar had hem nooit vergeven.

Terwijl ze huilde en hem voor God losliet, kreeg ze stuiptrekkingen – er brak iets. Die nacht sliep ze voor het eerst in twintig jaar vredig. Twee maanden later begon haar gezondheid drastisch te verbeteren. Ze deelt nu haar verhaal als healingcoach voor vrouwen.

### Actieplan – De bittere wortel eruit trekken

1. **Noem het** – Schrijf de namen op van degenen die je pijn hebben gedaan, zelfs van jezelf of God (als je in het geheim boos op Hem bent geweest).
2. **Laat het los** – Zeg hardop: *"Ik kies ervoor om [naam] te vergeven voor [specifieke overtreding]. Ik laat ze los en bevrijd mezelf."*
3. **Verbrand het** – Als het veilig is om dit te doen, verbrand of versnipper het papier dan als een profetische daad van bevrijding.
4. **Bid zegeningen** over degenen die je onrecht hebben aangedaan – zelfs als je emoties je tegenwerken. Dit is geestelijke strijd.

### Schrifthulpmiddelen

- *Mattheüs 18:21-35* – De gelijkenis van de onbarmhartige dienaar
- *Hebreeën 12:15* – Bittere wortels verontreinigen velen

- *Markus 11:25* – Vergeef, zodat uw gebeden niet worden verhinderd
- *Romeinen 12:19-21* – Laat de wraak aan God over

## GROEPSAANVRAAG & BEDIENING

- Vraag iedere persoon (persoonlijk of schriftelijk) om iemand te noemen die hij/zij moeilijk kan vergeven.
- Verdeel de groep in gebedsgroepen en doorloop het vergevingsproces met behulp van het onderstaande gebed.
- Leid een profetische 'verbrandingsceremonie' waarbij geschreven beledigingen worden vernietigd en vervangen door genezingsverklaringen.

**Ministerie-instrumenten:**

- Vergevingsverklaringskaarten
- Zachte instrumentale muziek of een doorweekte eredienst
- Olie van vreugde (voor zalving na bevrijding)

**Belangrijk inzicht**

Onvergevingsgezindheid is een poort die de vijand misbruikt. Vergeving is een zwaard dat de band van slavernij doorsnijdt.

**Reflectiedagboek**

- Wie moet ik vandaag vergeven?
- Heb ik mezelf vergeven, of straf ik mezelf voor fouten uit het verleden?
- Geloof ik dat God kan herstellen wat ik door verraad of belediging heb verloren?

**Gebed om bevrijding**

*Heer Jezus, ik kom voor U met mijn pijn, woede en herinneringen. Ik kies er vandaag – in geloof – voor om iedereen te vergeven die mij heeft gekwetst, misbruikt, verraden of afgewezen. Ik laat hen los. Ik bevrijd hen van het oordeel en ik bevrijd mezelf van bitterheid. Ik vraag U om elke wond te helen en mij te vullen met Uw vrede. In Jezus' naam. Amen.*

# DAG 19: GENEZING VAN SCHAAMTE EN VEROORDELING

*Schaamte zegt: 'Ik ben slecht.' Veroordeling zegt: 'Ik zal nooit vrij zijn.' Maar Jezus zegt: 'Jij bent van Mij, en Ik heb je nieuw gemaakt'.*

"Wie zijn blik op Hem richt, straalt; zijn gezicht wordt niet met schaamte bedekt."

— *Psalm 34:5*

Schaamte is niet zomaar een gevoel – het is een strategie van de vijand. Het is de mantel die hij om degenen wikkelt die gevallen, gefaald of geschonden zijn. Het zegt: "Je kunt niet in de buurt van God komen. Je bent te smerig. Te beschadigd. Te schuldig."

Maar veroordeling is een **leugen**, want in Christus **is er geen veroordeling** (Romeinen 8:1).

Veel mensen die bevrijding zoeken, blijven steken omdat ze geloven dat ze **de vrijheid niet waard zijn**. Ze dragen schuldgevoelens met zich mee als een soort medaille en herhalen hun ergste fouten als een kapotte plaat.

Jezus betaalde niet alleen voor jouw zonden, Hij betaalde ook voor jouw schaamte.

**Wereldwijde gezichten van schaamte**

- **Afrika** – Culturele taboes rondom verkrachting, onvruchtbaarheid, kinderloosheid of het mislukken van een huwelijk.
- **Azië** – Schaamte die voortkomt uit oneer, verwachtingen van de familie of religieuze afvalligheid.
- **Latijns-Amerika** – Schuldgevoelens vanwege abortussen, occulte betrokkenheid of familievervalsing.
- **Europa** – Verborgen schaamte door geheime zonden, misbruik of psychische problemen.

- **Noord-Amerika** – Schaamte door verslaving, scheiding, pornografie of identiteitsverwarring.

Schaamte gedijt in stilte, maar sterft in het licht van Gods liefde.
**Waargebeurd verhaal - Een nieuwe naam na abortus**
Jasmine uit de VS had drie abortussen ondergaan voordat ze tot inkeer kwam. Hoewel ze gered was, kon ze zichzelf niet vergeven. Elke Moederdag voelde als een vloek. Als mensen over kinderen of ouderschap praatten, voelde ze zich onzichtbaar – en erger nog, onwaardig.

Tijdens een vrouwenretraite hoorde ze een boodschap over Jesaja 61: "In plaats van schaamte, een dubbele portie." Ze huilde. Die nacht schreef ze brieven aan haar ongeboren kinderen, bekeerde zich opnieuw voor de Heer en kreeg een visioen waarin Jezus haar nieuwe namen gaf: *"Geliefde", "Moeder", "Hersteld".*

Nu begeleidt ze vrouwen die een abortus hebben ondergaan en helpt hen hun identiteit in Christus terug te vinden.

**Actieplan – Stap uit de schaduw**

1. **Benoem de schaamte** – Schrijf op wat je hebt verborgen of waar je je schuldig over voelt.
2. **Geef de leugen toe** – Schrijf de beschuldigingen op die u geloofd hebt (bijvoorbeeld: "Ik ben smerig", "Ik ben gediskwalificeerd").
3. **Vervang door Waarheid** – Verkondig hardop Gods Woord over uzelf (zie de Schriftgedeelten hieronder).
4. **Profetische actie** – Schrijf het woord "SCHANDE" op een stuk papier, scheur het en verbrand het. Verklaar: *"Ik ben hier niet langer aan gebonden!"*

**Schrifthulpmiddelen**

- *Romeinen 8:1-2* – Geen veroordeling in Christus
- *Jesaja 61:7* – Dubbele portie voor schande
- *Psalm 34:5* – Straling in Zijn aanwezigheid
- *Hebreeën 4:16* – Vrijmoedige toegang tot Gods troon
- *Zefanja 3:19-20* – God neemt de schande weg onder de volken

**Groepsaanvraag & bediening**

- Vraag deelnemers om anonieme schaamteverklaringen te schrijven (bijvoorbeeld: 'Ik heb een abortus ondergaan', 'Ik ben mishandeld', 'Ik heb fraude gepleegd') en deze in een verzegelde doos te doen.
- Lees Jesaja 61 hardop en leid daarna een gebed voor uitwisseling: rouw voor vreugde, as voor schoonheid, schaamte voor eer.
- Speel aanbiddingsmuziek die de identiteit in Christus benadrukt.
- Spreek profetische woorden over mensen die bereid zijn om los te laten.

**Ministerie-instrumenten:**

- Identiteitsverklaringskaarten
- Zalfolie
- Aanbiddingsafspeellijst met nummers als "You Say" (Lauren Daigle), "No Longer Slaves" of "Who You Say I Am"

**Belangrijk inzicht**

Schaamte is een dief. Het berooft je van je stem, je vreugde en je gezag. Jezus heeft niet alleen je zonden vergeven – Hij heeft schaamte haar kracht ontnomen.

**Reflectiedagboek**

- Wat is de vroegste herinnering aan schaamte die ik mij kan herinneren?
- Welke leugen heb ik over mezelf geloofd?
- Ben ik er klaar voor om mezelf te zien zoals God mij ziet: schoon, stralend en uitverkoren?

**Gebed om genezing**

*Heer Jezus, ik breng U mijn schaamte, mijn verborgen pijn en elke stem van veroordeling. Ik heb berouw dat ik instem met de leugens van de vijand over wie ik ben. Ik kies ervoor te geloven wat U zegt – dat ik vergeven, geliefd en vernieuwd ben. Ik ontvang Uw mantel van gerechtigheid en stap in de vrijheid. Ik loop uit schaamte en in Uw glorie. In Jezus' naam, Amen.*

# DAG 20: HUISHOUDELIJKE HEKSERIJ — ALS DE DUISTERNIS ONDER HETZELFDE DAK LEEFT

"**N**iet elke vijand bevindt zich buiten. Sommigen hebben bekende gezichten."

"De vijanden van een mens zullen de leden van zijn eigen huisgezin zijn."

— *Mattheüs 10:36*

Sommige van de hevigste spirituele gevechten worden niet uitgevochten in bossen of heiligdommen, maar in slaapkamers, keukens en familiealtaren.

**Huishoudelijke hekserij** verwijst naar demonische handelingen die hun oorsprong vinden binnen iemands familie – ouders, echtgenoten, broers en zussen, huishoudelijk personeel of verre verwanten – door middel van afgunst, occulte praktijken, voorouderlijke altaren of directe spirituele manipulatie.

Bevrijding wordt complex als het mensen betreft van **wie we houden of met wie we samenleven.**

**Wereldwijde voorbeelden van huishoudelijke hekserij**

- **Afrika** – Een jaloerse stiefmoeder vervloekt haar kinderen via eten; een broer of zus roept geesten op tegen een succesvollere broer.
- **India en Nepal** – Moeders wijden hun kinderen bij de geboorte toe aan goden; huisaltaren worden gebruikt om het lot te bepalen.
- **Latijns-Amerika** – Brujeria of Santeria, een praktijk die in het geheim door familieleden wordt beoefend om echtgenoten of kinderen te manipuleren.
- **Europa** – Verborgen vrijmetselarij of occulte eden in familielijnen; psychische of spirituele tradities doorgegeven.
- **Noord-Amerika** – Wicca- of new age-ouders 'zegenen' hun kinderen

met kristallen, energiereiniging of tarot.

Deze krachten verbergen zich misschien achter familiegenegenheid, maar hun doel is controle, stagnatie, ziekte en geestelijke gebondenheid.

**Waargebeurd verhaal - Mijn vader, de profeet van het dorp**

Een vrouw uit West-Afrika groeide op in een gezin waar haar vader een zeer gerespecteerde dorpsprofeet was. Voor buitenstaanders was hij een spiritueel leider. Achter gesloten deuren begroef hij amuletten in het complex en bracht hij offers ten behoeve van families die op zoek waren naar gunsten of wraak.

Er ontstonden vreemde patronen in haar leven: terugkerende nachtmerries, mislukte relaties en onverklaarbare ziektes. Toen ze haar leven aan Christus gaf, keerde haar vader zich tegen haar en verklaarde dat ze zonder zijn hulp nooit zou slagen. Haar leven ging jarenlang bergafwaarts.

Na maanden van middernachtelijk gebed en vasten leidde de Heilige Geest haar ertoe elke zielsband met de occulte mantel van haar vader af te zweren. Ze begroef geschriften in haar muren, verbrandde oude penningen en zalfde dagelijks haar drempel. Langzaam kwamen er doorbraken: haar gezondheid keerde terug, haar dromen werden helderder en ze trouwde eindelijk. Ze helpt nu andere vrouwen die voor huishoudelijke altaren staan.

**Actieplan – De vertrouwde geest confronteren**

1. **Onderscheid zonder oneer** – Vraag God om verborgen krachten te onthullen zonder haat.
2. **Verbreek zielsgebonden afspraken** – verwerp elke spirituele band die is opgebouwd door rituelen, altaren of uitgesproken eden.
3. **Geestelijk gescheiden** – Zelfs als je in hetzelfde huis woont, kun je door gebed **geestelijk loskomen van elkaar** .
4. **Heilig uw ruimte** – Zalf elke kamer, elk voorwerp en elke drempel met olie en Schrift.

**Schrifthulpmiddelen**

- *Micha 7:5-7* – Vertrouw niet op je naaste
- *Psalm 27:10* – "Al verlaten mijn vader en moeder mij..."
- *Lucas 14:26* – Christus meer liefhebben dan familie

- *2 Koningen 11:1-3* – Verborgen bevrijding van een moorddadige koningin-moeder
- *Jesaja 54:17* – Geen enkel wapen dat gevormd is, zal slagen

### Groepsaanvraag

- Deel ervaringen waarbij er binnen het gezin weerstand ontstond.
- Bid om wijsheid, moed en liefde wanneer er weerstand ontstaat in het gezin.
- Spreek een gebed uit om afstand te doen van elke zielsband of uitgesproken vloek door familieleden.

### Ministerie-instrumenten:

- Zalfolie
- Vergevingsverklaringen
- Gebeden voor het vrijgeven van het verbond
- Psalm 91 gebedsbedekking

### Belangrijk inzicht

De bloedlijn kan een zegen of een slagveld zijn. Je bent geroepen om haar te verlossen, niet om erdoor geregeerd te worden.

### Reflectiedagboek

- Heb ik ooit geestelijke weerstand ondervonden van iemand in mijn omgeving?
- Is er iemand die ik moet vergeven, zelfs als diegene nog steeds hekserij bedrijft?
- Ben ik bereid om apart gezet te worden, zelfs als dat relaties kost?

### Gebed van scheiding en bescherming

*Vader, ik erken dat de grootste tegenstand kan komen van degenen die het dichtst bij mij staan. Ik vergeef elk gezinslid dat bewust of onbewust tegen mijn lot inwerkt. Ik verbreek elke zielsband, vloek en elk verbond dat via mijn familielijn is gesloten en niet in overeenstemming is met Uw Koninkrijk. Door het bloed van*

*Jezus heilig ik mijn huis en verklaar: wat mij en mijn huis betreft, wij zullen de Heer dienen. Amen.*

# DAG 21: DE JEZEBEL-GEEST — VERLEIDING, CONTROLE EN RELIGIEUZE MANIPULATIE

"*Maar Ik heb dit tegen u: u tolereert die vrouw Izebel, die zichzelf een profetes noemt. Door haar leer misleidt ze...*" — Openbaring 2:20

"*Haar einde zal plotseling komen, zonder herstel.*" — Spreuken 6:15

Sommige geesten schreeuwen van buitenaf.

**Izebel fluistert van binnenuit.**

Ze verleidt niet alleen **, ze manipuleert en corrumpeert** , waardoor ministeries uiteenvallen, huwelijken worden verstikt en naties worden verleid door rebellie.

**Wat is de Izebelgeest?**

De geest van Izebel:

- Bootst profetie na om te misleiden
- Gebruikt charme en verleiding om te controleren
- Haat ware autoriteit en brengt profeten tot zwijgen
- Maskers trots achter valse nederigheid
- Wordt vaak geassocieerd met leiderschap of mensen die er dichtbij staan

Deze geest kan door **mannen en vrouwen heen werken** en gedijt daar waar ongebreidelde macht, ambitie of afwijzing niet geheeld worden.

**Wereldwijde manifestaties**

- **Afrika** – Valse profetessen die altaren manipuleren en met angst loyaliteit eisen.
- **Azië** – Religieuze mystici die verleiding combineren met visioenen

domineren spirituele kringen.
- **Europa** – Oude godinnencultussen herleefden in New Age-praktijken onder de naam 'empowerment'.
- **Latijns-Amerika** – Santeria-priesteressen die controle uitoefenen over families door middel van 'spiritueel advies'.
- **Noord-Amerika** – Influencers op sociale media promoten 'goddelijke vrouwelijkheid' terwijl ze de Bijbelse onderwerping, autoriteit of zuiverheid bespotten.

**Waargebeurd verhaal:** *De Izebel die op het altaar zat*

In een Caribisch land begon een kerk die in vuur en vlam stond voor God langzaam en subtiel te doven. De voorbiddersgroep die ooit bijeenkwam voor middernachtelijk gebed, begon uiteen te vallen. De jeugdbeweging verviel in schandalen. Huwelijken in de kerk begonnen te mislukken en de eens zo vurige voorganger raakte besluiteloos en geestelijk vermoeid.

Centraal stond een vrouw: **zuster R.** Mooi, charismatisch en gul, ze werd door velen bewonderd. Ze had altijd een "woord van de Heer" en een droom over ieders bestemming. Ze gaf gul aan kerkprojecten en verdiende een plek dicht bij de predikant.

Achter de schermen **belasterde ze subtiel andere vrouwen**, verleidde ze een junior pastor en zaaide ze verdeeldheid. Ze positioneerde zichzelf als een spirituele autoriteit, terwijl ze in stilte de feitelijke leiding ondermijnde.

Op een nacht had een tienermeisje in de kerk een levendige droom: ze zag een slang opgerold onder de preekstoel, fluisterend in de microfoon. Doodsbang vertelde ze het aan haar moeder, die het aan de dominee gaf.

De leiding besloot **drie dagen te vasten** om Gods leiding te zoeken. Op de derde dag, tijdens een gebedssessie, begon zuster R. zich gewelddadig te manifesteren. Ze siste, schreeuwde en beschuldigde anderen van hekserij. Een krachtige bevrijding volgde en ze bekende: ze was in haar late tienerjaren ingewijd in een spirituele orde, met de taak **kerken te infiltreren om "hun vuur te stelen"**.

Ze was al in **vijf kerken geweest** vóór deze. Haar wapen was niet luidruchtig – het was **vleierij, verleiding, emotionele controle** en profetische manipulatie.

Vandaag heeft die kerk haar altaar herbouwd. De preekstoel is opnieuw ingewijd. En dat jonge tienermeisje? Ze is nu een vurige evangeliste die een gebedsbeweging voor vrouwen leidt.

### Actieplan - Hoe Izebel te confronteren

1. **Toon berouw** voor elke manier waarop je hebt meegewerkt aan manipulatie, seksuele controle of spirituele trots.
2. **Ontdek** de eigenschappen van Izebel: vleierij, rebellie, verleiding, valse profetieën.
3. **Verbreek zielsbanden** en onheilige bondgenootschappen in gebed, vooral met iemand die u wegleidt van de stem van God.
4. **Verkondig uw autoriteit** in Christus. Izebel vreest degenen die weten wie ze zijn.

### Schriftarsenaal:

- 1 Koningen 18–21 – Izebel vs. Elia
- Openbaring 2:18-29 – Christus' waarschuwing aan Thyatira
- Spreuken 6:16-19 – Wat God haat
- Galaten 5:19-21 – Werken van het vlees

### Groepsaanvraag

- Discussie: Ben je ooit getuige geweest van spirituele manipulatie? Hoe vermomde het zich?
- Verklaar als groep een 'geen tolerantie'-beleid voor Izebel — in de kerk, thuis of in de leiding.
- Indien nodig, doe een **bevrijdingsgebed** of vast om haar invloed te breken.
- Wijd elk ambt of altaar dat in gevaar is gebracht, opnieuw toe.

### Hulpmiddelen voor de bediening:

Gebruik zalfolie. Creëer ruimte voor belijdenis en vergeving. Zing aanbiddingsliederen die de **heerschappij van Jezus verkondigen.**

### Belangrijk inzicht

Izebel gedijt waar **onderscheidingsvermogen laag is** en **tolerantie hoog**. Haar heerschappij eindigt wanneer geestelijk gezag ontwaakt.

**Reflectiedagboek**

- Heb ik mij laten leiden door manipulatie?
- Zijn er mensen of invloeden die ik boven de stem van God heb verheven?
- Heb ik mijn profetische stem het zwijgen opgelegd uit angst of beheersing?

**Gebed om bevrijding**

*Heer Jezus, ik verwerp elke verbondenheid met de geest van Izebel. Ik verwerp verleiding, controle, valse profetieën en manipulatie. Reinig mijn hart van trots, angst en compromissen. Ik neem mijn gezag terug. Laat elk altaar dat Izebel in mijn leven heeft gebouwd, worden afgebroken. Ik troon U, Jezus, als Heer over mijn relaties, roeping en bediening. Vul mij met onderscheidingsvermogen en vrijmoedigheid. In Uw naam, Amen.*

# DAG 22: PYTHONS EN GEBEDEN — HET DOORBREKEN VAN DE GEEST VAN BEPERKING

"*Toen wij eens naar de gebedsplaats gingen, werden wij door een slavin ontmoet die een geest van Python had…*" — Handelingen 16:16
"*Op de leeuw en de adder zult gij treden…*" — Psalm 91:13

Er is een geest die niet bijt – hij **knijpt**.

Hij verstikt je vuur. Hij kronkelt rond je gebedsleven, je ademhaling, je aanbidding, je discipline – totdat je begint op te geven wat je ooit kracht gaf.

Dit is de geest van **Python** : een demonische kracht die **spirituele groei belemmert, het lot vertraagt, gebeden wurgt en profetieën vervalst** .

**Wereldwijde manifestaties**

- **Afrika** – De pythongeest verschijnt als valse profetische kracht, die opereert in zee- en bosheiligdommen.
- **Azië** – Slangengeesten werden aanbeden als goden die gevoed of tevreden gesteld moesten worden.
- **Latijns-Amerika** – Santeria-slangenaltaren werden gebruikt voor rijkdom, lust en macht.
- **Europa** – Slangensymbolen in hekserij, waarzeggerij en paranormale kringen.
- **Noord-Amerika** – Valse "profetische" stemmen geworteld in rebellie en spirituele verwarring.

**Getuigenis:** *Het meisje dat niet kon ademen*

Marisol uit Colombia kreeg last van kortademigheid elke keer dat ze knielde om te bidden. Haar borstkas trok samen. Haar dromen waren gevuld met beelden van slangen, die zich om haar nek kronkelden of onder haar bed lagen. Artsen vonden niets medisch afwijkends.

Op een dag gaf haar grootmoeder toe dat Marisol als kind "toegewijd" was aan een berggeest die bekendstond om zijn verschijning als een slang. Het was een **"beschermgeest"**, maar daar hing een prijskaartje aan.

Tijdens een bevrijdingsbijeenkomst begon Marisol hevig te schreeuwen toen haar handen werden opgelegd. Ze voelde iets bewegen in haar buik, langs haar borstkas en vervolgens uit haar mond, alsof er lucht uit haar mond werd geperst.

Na die ontmoeting was de ademloosheid voorbij. Haar dromen veranderden. Ze begon gebedsbijeenkomsten te leiden – precies datgene wat de vijand ooit uit haar probeerde te wurgen.

**Tekenen dat u mogelijk onder invloed bent van de Python-geest**

- Vermoeidheid en zwaarte wanneer u probeert te bidden of te aanbidden
- Profetische verwarring of bedrieglijke dromen
- Constante gevoelens van gewurgd, geblokkeerd of gebonden zijn
- Depressie of wanhoop zonder duidelijke oorzaak
- Verlies van spiritueel verlangen of motivatie

Actieplan – Vernauwing doorbreken

1. **Toon berouw** voor elke occulte, psychische of voorouderlijke betrokkenheid.
2. **Verklaar dat uw lichaam en geest alleen van God zijn.**
3. **Snel en oorlog** volgens Jesaja 27:1 en Psalm 91:13.
4. **Zalf je keel, borst en voeten** – en eis de vrijheid om in waarheid te spreken, te ademen en te wandelen.

Schriftgedeelten over bevrijding:

- Handelingen 16:16-18 – Paulus drijft de pythongeest uit
- Jesaja 27:1 – God straft Leviathan, de vluchtende slang
- Psalm 91 – Bescherming en gezag

- Lucas 10:19 – De macht om slangen en schorpioenen te vertrappen

## GROEPSAANVRAAG

- Vraag: Wat verstikt ons gebedsleven — persoonlijk en collectief?
- Leid een gezamenlijk ademgebed, waarbij u de **adem van God** (Ruach) over elk lid uitspreekt.
- Breek elke valse profetische invloed of slangachtige druk in aanbidding en voorbede.

**Hulpmiddelen voor de bediening:** Aanbidding met fluiten of ademinstrumenten, het symbolisch doorsnijden van touwen, gebedsdoeken voor ademvrijheid.

**Belangrijk inzicht**

De Python-geest verstikt wat God wil laten ontstaan. Je moet hem confronteren om je adem en moed terug te vinden.

**Reflectiedagboek**

- Wanneer voelde ik mij voor het laatst helemaal vrij in gebed?
- Zijn er tekenen van spirituele vermoeidheid die ik heb genegeerd?
- Heb ik onbewust 'spiritueel advies' aangenomen dat meer verwarring bracht?

**Gebed om bevrijding**

*Vader, in de naam van Jezus, verbreek ik elke beperkende geest die erop gericht is mijn doel te verstikken. Ik verwerp de pythongeest en alle valse profetische stemmen. Ik ontvang de adem van Uw Geest en verklaar: ik zal vrij ademen, vrijmoedig bidden en oprecht wandelen. Elke slang die om mijn leven heen kronkelt, wordt afgesneden en uitgeworpen. Ik ontvang nu verlossing. Amen.*

# DAG 23: TROONEN VAN ONRECHT — HET VERNIETIGEN VAN TERRITORIALE BOLWERKEN

"*Zal de troon der ongerechtigheid, die door de wet kwaad bedenkt, gemeenschap met U hebben?*" — Psalm 94:20

"*Wij hebben de strijd niet tegen vlees en bloed, maar tegen... de heersers van de duisternis...*" — Efeziërs 6:12

Er zijn onzichtbare **tronen** — gevestigd in steden, naties, families en systemen — waar demonische machten **legaal heersen** door middel van verbonden, wetgeving, afgoderij en langdurige rebellie.

Dit zijn geen willekeurige aanvallen. Dit zijn **gevestigde machten**, diepgeworteld in structuren die het kwaad generaties lang in stand houden.

Totdat deze tronen **spiritueel ontmanteld worden**, zullen de cycli van duisternis blijven bestaan, ongeacht hoeveel gebeden er op het oppervlakkige niveau worden opgezonden.

**Wereldwijde bolwerken en tronen**

- **Afrika** – Tronen van hekserij in koninklijke bloedlijnen en traditionele raden.
- **Europa** – Tronen van secularisme, vrijmetselarij en gelegaliseerde rebellie.
- **Azië** – Tronen van afgoderij in voorouderlijke tempels en politieke dynastieën.
- **Latijns-Amerika** – Tronen van narcoterreur, doodsculten en corruptie.
- **Noord-Amerika** – Tronen van perversie, abortus en raciale onderdrukking.

Deze tronen beïnvloeden beslissingen, onderdrukken de waarheid en **verslinden lotsbestemmingen**.

**Getuigenis:** *Bevrijding van een gemeenteraadslid*

In een stad in zuidelijk Afrika ontdekte een pasgekozen christelijk raadslid dat alle ambtsdragers vóór hem gek waren geworden, gescheiden waren of plotseling waren overleden.

Na dagen van gebed onthulde de Heer een **troon van bloedoffers**, begraven onder het gemeentehuis. Een plaatselijke ziener had er lang geleden talismannen geplaatst als onderdeel van een territoriale claim.

De raadsheer verzamelde voorbidders, vastte en hield om middernacht een eredienst in de raadzaal. Drie nachten lang meldden medewerkers vreemde kreten in de muren en flikkerde de stroom.

Binnen een week begonnen de bekentenissen. Corrupte contracten kwamen aan het licht en binnen enkele maanden verbeterden de publieke diensten. De troon was gevallen.

**Actieplan – Duisternis onttronen**

1. **Identificeer de troon** — vraag de Heer om u territoriale bolwerken te laten zien in uw stad, ambt, bloedlijn of regio.
2. **Bekeer u namens het land** (voorbede in de stijl van Daniël 9).
3. **Aanbid strategisch** — tronen storten in als Gods glorie de overhand neemt (zie 2 Kron. 20).
4. **Verklaar de naam van Jezus** als de enige ware Koning over dat gebied.

**Ankergeschriften:**

- Psalm 94:20 – Tronen van ongerechtigheid
- Efeziërs 6:12 – Overheden en machten
- Jesaja 28:6 – Geest van gerechtigheid voor hen die de strijd aangaan
- 2 Koningen 23 – Josia vernietigt afgodische altaren en tronen

## GROEPSBETROKKENHEID

- Organiseer een 'spirituele kaart'-sessie van uw buurt of stad.
- Vraag: Wat zijn hier de cycli van zonde, pijn en onderdrukking?
- Stel 'wachters' aan die wekelijks bij belangrijke toegangspoorten bidden: scholen, rechtbanken, markten.
- Leid groepsbesluiten tegen geestelijke leiders aan de hand van Psalm 149:5–9.

**Hulpmiddelen voor de bediening:** sjofars, stadsplattegronden, olijfolie voor de wijding van de grond, gidsen voor gebedswandelingen.

**Belangrijk inzicht**

Als je transformatie in je stad wilt zien, **moet je de troon achter het systeem uitdagen** — niet alleen het gezicht ervoor.

**Reflectiedagboek**

- Zijn er terugkerende conflicten in mijn stad of familie die groter lijken dan ikzelf?
- Heb ik een strijd geërfd tegen een troon die ik niet zelf heb bestegen?
- Welke 'heersers' moeten in gebed van hun troon gestoten worden?

**Gebed van Oorlog**

*O Heer, ontmasker elke troon van ongerechtigheid die over mijn grondgebied heerst. Ik verkondig de naam van Jezus als de enige Koning! Laat elk verborgen altaar, elke wet, elk pact of elke macht die duisternis afdwingt, door vuur worden verstrooid. Ik neem mijn plaats in als voorbidder. Door het bloed van het Lam en het woord van mijn getuigenis breek ik tronen af en plaats ik Christus op de troon over mijn huis, stad en natie. In Jezus' naam. Amen.*

# DAG 24: ZIELSFRAGMENTEN — WANNEER ER DELEN VAN JEZELF ONTBREKEN

"*Hij verkwikt mijn ziel...*" — Psalm 23:3

"*Ik zal uw wonden genezen, spreekt de Heer, omdat u een verstotene wordt genoemd...*" — Jeremia 30:17

Trauma kan de ziel verbrijzelen. Misbruik. Afwijzing. Verraad. Plotselinge angst. Langdurig verdriet. Deze ervaringen laten niet alleen herinneringen achter – ze **breken je innerlijke mens**.

Veel mensen lopen rond alsof ze compleet zijn, maar leven met **ontbrekende delen van zichzelf**. Hun vreugde is versplinterd. Hun identiteit is versplinterd. Ze zitten gevangen in emotionele tijdzones – een deel van hen zit vast in een pijnlijk verleden, terwijl hun lichaam steeds ouder wordt.

Dit zijn **zielsfragmenten**: delen van je emotionele, psychologische en spirituele zelf die zijn afgebroken als gevolg van trauma, demonische inmenging of hekserijmanipulatie.

Totdat die stukken door Jezus zijn verzameld, geheeld en opnieuw samengevoegd, **blijft ware vrijheid onbereikbaar**.

**Wereldwijde praktijken van zielenroof**

- **Afrika** – Medicijnmannen vangen de 'essentie' van mensen op in potten of spiegels.
- **Azië** – Zielvangrituelen door goeroes of tantrische beoefenaars.
- **Latijns-Amerika** – Sjamanistische zielssplitsing voor controle of vloeken.
- **Europa** – Occulte spiegelmagie die wordt gebruikt om identiteiten te breken of gunsten te stelen.
- **Noord-Amerika** – Trauma door aanranding, abortus of

identiteitsverwarring veroorzaakt vaak diepe zielswonden en fragmentatie.

**Verhaal:** *Het meisje dat geen gevoelens kon hebben*

Andrea, een 25-jarige uit Spanje, had jarenlang te maken gehad met misbruik door een familielid. Hoewel ze Jezus had aanvaard, bleef ze emotioneel verdoofd. Ze kon niet huilen, liefhebben of empathie voelen.

Een bezoekende predikant stelde haar een vreemde vraag: "Waar heb je je vreugde gelaten?" Terwijl Andrea haar ogen sloot, herinnerde ze zich dat ze 9 jaar oud was, opgerold in een kast, en tegen zichzelf zei: "Ik zal nooit meer iets voelen."

Ze baden samen. Andrea vergaf, deed afstand van innerlijke geloften en nodigde Jezus uit in die specifieke herinnering. Ze huilde voor het eerst in jaren onbedaarlijk. Die dag **werd haar ziel hersteld** .

**Actieplan – Zielsherstel en genezing**

1. Vraag de Heilige Geest: *Waar ben ik een deel van mezelf kwijtgeraakt?*
2. Vergeef iedereen die bij dat moment betrokken was en **doe afstand van innerlijke geloften** als: "Ik zal nooit meer vertrouwen."
3. Nodig Jezus uit in de herinnering en spreek genezing uit op dat moment.
4. Bid: *"Heer, herstel mijn ziel. Ik roep elk deeltje van mij op om terug te keren en heel te worden."*

**Belangrijke Bijbelteksten:**

- Psalm 23:3 – Hij verkwikt de ziel
- Lucas 4:18 – Genezing van gebroken harten
- 1 Thessalonicenzen 5:23 – Geest, ziel en lichaam behouden
- Jeremia 30:17 – Genezing voor verstotenen en wonden

**Groepsaanvraag**

- Leid leden door een begeleide **innerlijke helende gebedssessie** .
- Vraag: *Zijn er momenten in je leven waarop je stopte met vertrouwen,*

*voelen of dromen?*
- Speel een rollenspel waarbij je met Jezus 'teruggaat naar die kamer' en toekijkt hoe Hij de wond geneest.
- Laat vertrouwde leiders zachtjes de handen op de hoofden leggen en het herstel van de ziel verkondigen.

**Hulpmiddelen voor de bediening:** eredienstmuziek, zachte verlichting, tissues, schrijfopdrachten.

**Belangrijk inzicht**

Bevrijding is niet alleen het uitdrijven van demonen. Het is **het verzamelen van de gebroken stukken en het herstellen van de identiteit**.

**Reflectiedagboek**

- Welke traumatische gebeurtenissen bepalen nog steeds hoe ik denk of voel?
- Heb ik ooit gezegd: "Ik zal nooit meer liefhebben" of "Ik kan niemand meer vertrouwen"?
- Hoe ziet 'heelheid' er voor mij uit – en ben ik er klaar voor?

## GEBED OM HERSTEL

*Jezus, U bent de Herder van mijn ziel. Ik breng U elke plek waar ik gebroken ben – door angst, schaamte, pijn of verraad. Ik breek elke innerlijke belofte en vloek die ik in mijn trauma heb uitgesproken. Ik vergeef hen die mij hebben gekwetst. Nu roep ik elk stukje van mijn ziel op om terug te keren. Herstel mij volledig – geest, ziel en lichaam. Ik ben niet voor altijd gebroken. Ik ben heel in U. In Jezus' naam. Amen.*

# DAG 25: DE VLOEK VAN VREEMDE KINDEREN — ALS HET BESTEMMINGSVERSCHIL BIJ DE GEBOORTE WORDT UITGEWISSELD

"*Hun kinderen zijn vreemde kinderen; nu zal een maand hen met hun portie verslinden.*" — Hosea 5:7 "*Voordat Ik u in de moederschoot vormde, kende Ik u...*" — Jeremia 1:5

Niet elk kind dat in een gezin geboren wordt, is voor dat gezin bestemd.

Niet elk kind dat jouw DNA draagt, draagt jouw nalatenschap.

De vijand gebruikt **geboorte al lang als strijdtoneel** : door lotsbestemmingen uit te wisselen, namaakkinderen te planten, baby's in duistere verdragen te plaatsen en met baarmoeders te knoeien voordat de conceptie überhaupt plaatsvindt.

Dit is niet alleen een fysieke kwestie. Het is **een spirituele transactie** – met altaren, offers en demonische wettigheden.

**Wat zijn vreemde kinderen?**

'Vreemde kinderen' zijn:

- Kinderen geboren uit occulte toewijding, rituelen of seksuele verbonden.
- Nakomelingen worden bij de geboorte verwisseld (spiritueel of fysiek).
- Kinderen die duistere taken meebrengen naar een familie of afstammingslijn.
- Zielen die in de baarmoeder zijn gevangen door middel van hekserij, necromantie of generatiealtaren.

Veel kinderen groeien op in opstandigheid, verslaving, haat jegens hun ouders of zichzelf — niet alleen door slecht ouderschap, maar ook vanwege **degene die hen bij de geboorte spiritueel heeft opgeëist**.

## GLOBALE UITDRUKKINGEN

- **Afrika** – Spirituele uitwisselingen in ziekenhuizen, vervuiling van de baarmoeder door zeegeesten of rituele seks.
- **India** – Kinderen worden vóór hun geboorte ingewijd in tempels of op karma gebaseerde lotsbestemmingen.
- **Haïti en Latijns-Amerika** – Santeria-wijdingen, kinderen verwekt op altaren of na spreuken.
- **Westerse landen** – IVF en draagmoederschapspraktijken zijn soms verbonden aan occulte contracten of donorlijnen; abortussen die spirituele deuren openzetten.
- **Inheemse culturen wereldwijd** – Naamgevingsceremonies voor geesten of totemistische identiteitsoverdrachten.

**Verhaal:** *De baby met de verkeerde geest*

Clara, een verpleegkundige uit Oeganda, vertelde hoe een vrouw haar pasgeboren baby meenam naar een gebedsbijeenkomst. Het kind schreeuwde constant, weigerde melk en reageerde heftig op gebed.

Een profetisch woord onthulde dat de baby bij de geboorte in de geest was "uitgewisseld". De moeder bekende dat een toverdokter over haar buik had gebeden terwijl ze wanhopig verlangde naar een kind.

Door berouw en intens gebed om bevrijding werd de baby slap, maar daarna vredig. Later bloeide het kind op – met tekenen van herstelde vrede en ontwikkeling.

Niet alle aandoeningen bij kinderen zijn natuurlijk. Sommige **aandoeningen zijn al vanaf de conceptie aanwezig**.

**Actieplan** – Het terugwinnen van de bestemming van de baarmoeder

1. Als u ouder bent, **draag uw kind dan opnieuw op aan Jezus**

Christus.
2. Verwerp alle prenatale vloeken, toewijdingen en verbonden, zelfs als deze onbewust door voorouders zijn gemaakt.
3. Spreek in gebed rechtstreeks tot de geest van uw kind: *"Je behoort aan God. Je bestemming is hersteld."*
4. Als u geen kinderen hebt, bid dan voor uw baarmoeder en wijs alle vormen van geestelijke manipulatie of beïnvloeding af.

**Belangrijke Bijbelteksten:**

- Hosea 9:11–16 – Oordeel over vreemd zaad
- Jesaja 49:25 – Strijd voor je kinderen
- Lucas 1:41 – Geestvervulde kinderen vanaf de baarmoeder
- Psalm 139:13-16 – Gods opzettelijke ontwerp in de baarmoeder

**Groepsbetrokkenheid**

- Laat ouders namen of foto's van hun kinderen meenemen.
- Verklaar boven elke naam: "De identiteit van uw kind is hersteld. Elke vreemde hand is afgehakt."
- Bid voor de geestelijke reiniging van de baarmoeder van alle vrouwen (en mannen als geestelijke dragers van zaad).
- Gebruik de communie als symbool voor het herwinnen van de lotsbestemming van de bloedlijn.

**Hulpmiddelen voor de bediening:** Avondmaal, zalfolie, gedrukte namen of babyartikelen (optioneel).

**Belangrijk inzicht**

Satan richt zich op de baarmoeder, want **daar worden profeten, strijders en lotsbestemmingen gevormd**. Maar elk kind kan door Christus worden teruggewonnen.

**Reflectiedagboek**

- Heb ik ooit vreemde dromen gehad tijdens mijn zwangerschap of na de geboorte?

- Hebben mijn kinderen moeite met dingen die onnatuurlijk lijken?
- Ben ik bereid om de spirituele oorsprong van generatieopstand of vertraging onder ogen te zien?

**Gebed van Herstel**

*Vader, ik breng mijn schoot, mijn zaad en mijn kinderen naar Uw altaar. Ik bekeer mij voor elke deur – bekend of onbekend – die de vijand toegang gaf. Ik verbreek elke vloek, toewijding en demonische opdracht die aan mijn kinderen verbonden is. Ik spreek over hen: U bent heilig, uitverkoren en verzegeld tot Gods glorie. Uw bestemming is verlost. In Jezus' naam. Amen.*

# DAG 26: VERBORGEN ALTAAR VAN MACHT — VRIJBREKEN VAN ELITE OCCULTISCHE VERBONDEN

*Opnieuw nam de duivel Hem mee naar een zeer hoge berg en toonde Hem alle koninkrijken van de wereld en hun glorie. 'Dit alles zal ik U geven,' zei hij, 'als U zich voor mij buigt en mij aanbidt.'* — Matteüs 4:8-9

Velen denken dat satanische macht alleen te vinden is in geheime rituelen of duistere dorpen. Maar sommige van de gevaarlijkste verbonden gaan schuil achter gepolijste pakken, eliteclubs en invloed van meerdere generaties.

Dit zijn **altaren van macht** – gevormd door bloedige eden, inwijdingen, geheime symbolen en gesproken geloften die individuen, families en zelfs hele naties binden aan Lucifers heerschappij. Van vrijmetselarij tot kabbalistische rituelen, van oosterse sterinwijdingen tot oude Egyptische en Babylonische mysteriescholen – ze beloven verlichting, maar leveren slavernij op.

**Wereldwijde verbindingen**

- **Europa en Noord-Amerika** – Vrijmetselarij, Rozenkruisers, Orde van de Gouden Dageraad, Skull & Bones, Bohemian Grove, Kabbalah-inwijdingen.
- **Afrika** – Politieke bloedpacten, onderhandelingen tussen voorouderlijke geesten over heerschappij, hekserijallianties op hoog niveau.
- **Azië** – Verlichte samenlevingen, drakengeestpacten, bloedlijndynastieën verbonden met oude tovenarij.
- **Latijns-Amerika** – Politieke Santeria, rituele bescherming door kartels, pacten voor succes en immuniteit.
- **Midden-Oosten** – Oude Babylonische en Assyrische rituelen die onder religieuze of koninklijke omstandigheden werden

doorgegeven.

### Getuigenis – De kleinzoon van een vrijmetselaar vindt vrijheid

Carlos, opgegroeid in een invloedrijke familie in Argentinië, wist niet dat zijn grootvader de 33e graad van de Vrijmetselarij had bereikt. Vreemde manifestaties hadden zijn leven geplaagd: slaapverlamming, relationele sabotage en een aanhoudend onvermogen om vooruitgang te boeken, hoe hard hij ook probeerde.

Na het bijwonen van een bevrijdingsles die occulte banden met de elite aan het licht bracht, confronteerde hij zijn familiegeschiedenis en vond hij vrijmetselaarsregalia en verborgen dagboeken. Tijdens een middernachtelijke vastenperiode verwierp hij elk bloedverbond en verklaarde hij zich vrij in Christus. Diezelfde week kreeg hij de baan waar hij al jaren op had gewacht.

Hoogstaande altaren roepen veel verzet op, maar het **bloed van Jezus** spreekt luider dan welke eed of ritueel dan ook.

### Actieplan – De verborgen loge blootleggen

1. **Onderzoek** : Zijn er vrijmetselaars-, esoterische of geheime banden in uw bloedlijn?
2. **Verwerp** elk bekend en onbekend verbond door verklaringen te gebruiken die gebaseerd zijn op Mattheüs 10:26-28.
3. **Verbrand of verwijder** alle occulte symbolen: piramides, alziende ogen, kompassen, obelisken, ringen of gewaden.
4. **Bid hardop** :

*"Ik verbreek elke verborgen overeenkomst met geheime genootschappen, lichtculten en valse broederschappen. Ik dien alleen de Heer Jezus Christus."*

### Groepsaanvraag

- Laat de leden eventuele bekende of vermoedelijke occulte banden met de elite opschrijven.
- Organiseer een **symbolische handeling waarbij de banden worden verbroken** . Dit kan door papieren te scheuren, beelden te verbranden of het voorhoofd van de ander te zalven als teken van de scheiding.

- Gebruik **Psalm 2** om aan te kondigen dat er een einde moet komen aan nationale en familiale samenzweringen tegen de gezalfden van de Heer.

**Belangrijk inzicht**
Satans grootste greep is vaak gehuld in geheimhouding en prestige. Ware vrijheid begint wanneer je die altaren blootlegt, verwerpt en vervangt met aanbidding en waarheid.

**Reflectiedagboek**

- Heb ik rijkdom, macht of kansen geërfd die spiritueel gezien 'niet kloppen'?
- Zijn er geheime verbanden in mijn voorouders die ik heb genegeerd?
- Wat kost het mij om de goddeloze toegang tot de macht af te snijden? En ben ik daartoe bereid?

**Gebed om bevrijding**
*Vader, ik kom uit elke verborgen loge, elk altaar en elke overeenkomst – in mijn naam of namens mijn bloedlijn. Ik verbreek elke zielsband, elke bloedband en elke eed die bewust of onbewust is afgelegd. Jezus, U bent mijn enige Licht, mijn enige Waarheid en mijn enige bescherming. Laat Uw vuur elke goddeloze schakel in macht, invloed of bedrog verteren. Ik ontvang totale vrijheid, in Jezus' naam. Amen.*

# DAG 27: ONHEILIGE ALLIANTIES — VRIJMETSELARIJ, ILLUMINATI & SPIRITUELE INFILTRATIE

*"Heb niets te maken met de vruchteloze werken van de duisternis, maar ontmasker ze veeleer."* — Efeziërs 5:11
*"U kunt niet de beker van de Heer drinken en ook de beker van de demonen."* — 1 Korintiërs 10:21

Er zijn geheime genootschappen en wereldwijde netwerken die zich voordoen als onschuldige broederlijke organisaties – die liefdadigheid, verbinding of verlichting bieden. Maar achter de schermen gaan diepere eden, bloedrituelen, zielsbanden en lagen Luciferiaanse doctrine schuil, gehuld in "licht".

De Vrijmetselarij, de Illuminati, Eastern Star, Skull and Bones en hun zusternetwerken zijn niet zomaar sociale clubs. Het zijn altaren van trouw – sommige eeuwenoud – ontworpen om families, regeringen en zelfs kerken spiritueel te infiltreren.

### Wereldwijde voetafdruk

- **Noord-Amerika en Europa** – Vrijmetselarijtempels, Schotse Rite-loges, Yale's Skull & Bones.
- **Afrika** – Politieke en koninklijke inwijdingen met vrijmetselaarsrituelen, bloedpacten voor bescherming of macht.
- **Azië** – Kabbalascholen vermomd als mystieke verlichting, geheime monastieke rituelen.
- **Latijns-Amerika** – Verborgen elite-orden, Santeria versmolt met elite-invloed en bloedpacten.
- **Midden-Oosten** – Oude Babylonische geheime genootschappen die verbonden waren met machtsstructuren en de aanbidding van vals

licht.

DEZE NETWERKEN:

- Vereisen bloed of gesproken eden.
- Gebruik occulte symbolen (kompassen, piramides, ogen).
- Ceremonies uitvoeren om een orde aan te roepen of je ziel aan deze orde te wijden.
- Geef invloed of rijkdom in ruil voor spirituele controle.

**Getuigenis – Een bisschoppelijke bekentenis**

Een bisschop in Oost-Afrika bekende voor zijn kerk dat hij zich ooit op een laag niveau tijdens zijn studie had aangesloten bij de vrijmetselarij – puur voor 'connecties'. Maar naarmate hij hogerop kwam, begon hij vreemde eisen te zien: een eed van stilte, ceremonies met blinddoeken en symbolen, en een 'licht' dat zijn gebedsleven koud maakte. Hij stopte met dromen. Hij kon de Schrift niet meer lezen.

Nadat hij berouw had getoond en publiekelijk elke rang en gelofte had afgezworen, trok de geestelijke mist op. Vandaag de dag predikt hij Christus vrijmoedig en legt hij bloot waar hij ooit aan deelnam. De ketenen waren onzichtbaar – totdat ze gebroken werden.

**Actieplan – De invloed van vrijmetselarij en geheime genootschappen doorbreken**

1. **Geef aan** of u persoonlijk of familiaal betrokken bent bij de Vrijmetselarij, het Rozenkruis, de Kabbala, Skull and Bones of vergelijkbare geheime ordes.
2. **Verwerp elk niveau of elke graad van inwijding**, van de 1e tot en met de 33e of hoger, inclusief alle rituelen, symbolen en eden. (Je kunt online begeleide verlossingsverzakingen vinden.)
3. **Bid met gezag**:

*"Ik verbreek elke zielsband, elk bloedverbond en elke eed die ik aan geheime genootschappen heb afgelegd – door mij of namens mij. Ik eis mijn ziel terug voor Jezus Christus!"*

1. **Vernietig symbolische voorwerpen** : regalia, boeken, certificaten, ringen of ingelijste afbeeldingen.
2. **Verklaar** de vrijheid met behulp van:
   - *Galaten 5:1*
   - *Psalmen 2:1–6*
   - *Jesaja 28:15–18*

## Groepsaanvraag

- Laat de groep de ogen sluiten en vraag de Heilige Geest om eventuele geheime banden of familiebanden te onthullen.
- Bedrijfsverzaking: ga in gebed om elke bekende of onbekende band met de elite af te zweren.
- Gebruik het avondmaal om de breuk te dichten en de verbonden weer op Christus af te stemmen.
- Zalf hoofden en handen, waardoor de helderheid van geest en heilige werken worden hersteld.

## Belangrijk inzicht

Wat de wereld 'elite' noemt, noemt God misschien een gruwel. Niet alle invloed is heilig – en niet al het licht is Licht. Er bestaat niet zoiets als onschuldige geheimhouding als het om geestelijke eden gaat.

## Reflectiedagboek

- Maak ik deel uit van geheime orden of mystieke verlichtingsgroepen, of ben ik er nieuwsgierig naar?
- Zijn er aanwijzingen voor geestelijke blindheid, stagnatie of koudheid in mijn geloof?
- Moet ik de betrokkenheid van mijn familie met moed en gratie benaderen?

**Gebed van Vrijheid**

*Heer Jezus, ik kom voor U als het enige ware Licht. Ik verwerp elke band, elke eed, elk vals licht en elke verborgen orde die mij opeist. Ik verbreek de vrijmetselarij, geheime genootschappen, oude broederschappen en elke spirituele band die met de duisternis verbonden is. Ik verklaar dat ik onder het bloed van Jezus alleen sta – verzegeld, bevrijd en vrij. Laat Uw Geest alle resten van deze verbonden wegbranden. In Jezus' naam, amen.*

# DAG 28: KABBALAH, ENERGIE-RASTERS & DE LOKRACHT VAN MYSTIEK "LICHT"

"*Want Satan zelf doet zich voor als een engel van het licht.*" — 2 Korintiërs 11:14

"*Het licht in u is duisternis – hoe diep is die duisternis!*" — Lucas 11:35

In een tijdperk geobsedeerd door spirituele verlichting, duiken velen onbewust in oude kabbalistische praktijken, energiegenezing en mystieke lichtleringen die geworteld zijn in occulte doctrines. Deze leringen vermommen zich vaak als 'christelijke mystiek', 'joodse wijsheid' of 'op wetenschap gebaseerde spiritualiteit' – maar ze komen oorspronkelijk uit Babylon, niet uit Zion.

Kabbala is niet zomaar een Joods filosofisch systeem; het is een spirituele matrix, gebouwd op geheime codes, goddelijke emanaties (sefiroth) en esoterische paden. Het is dezelfde verleidelijke misleiding die schuilgaat achter tarot, numerologie, dierenriemportalen en New Age-rasters.

Veel beroemdheden, influencers en zakenmagnaten dragen rode touwtjes, mediteren met kristalenergie of volgen de Zohar, zonder te weten dat ze deelnemen aan een onzichtbaar systeem van spirituele gevangenschap.

**Wereldwijde verstrengeling**

- **Noord-Amerika** – Kabbalahcentra vermomd als wellnessruimtes; begeleide energiemeditaties.
- **Europa** – Druïdische Kabbala en esoterisch christendom, onderwezen in geheime ordes.
- **Afrika** – Welvaartsculten die geschriften combineren met numerologie en energieportalen.
- **Azië** – Chakra healing omgedoopt tot "lichtactivering" in lijn met

universele codes.
- **Latijns-Amerika** – Heiligen vermengd met kabbalistische aartsengelen in het mystieke katholicisme.

Dit is de verleiding van vals licht, waarbij kennis een god wordt en verlichting een gevangenis.

**Echt getuigenis – Ontsnappen aan de "lichtval"**

Marisol, een Zuid-Amerikaanse businesscoach, dacht dat ze ware wijsheid had ontdekt via numerologie en de "goddelijke energiestroom" van een kabbalistische mentor. Haar dromen werden levendig, haar visioenen scherp. Maar haar rust? Weg. Haar relaties? Instortend.

Ze werd in haar slaap gekweld door schimmige wezens, ondanks haar dagelijkse 'lichtgebeden'. Een vriendin stuurde haar een videogetuigenis van een voormalige mysticus die Jezus had ontmoet. Die nacht riep Marisol Jezus aan. Ze zag een verblindend wit licht – niet mystiek, maar puur. De vrede keerde terug. Ze vernietigde haar materialen en begon aan haar bevrijdingsreis. Tegenwoordig runt ze een op Christus gericht mentoringplatform voor vrouwen die gevangen zitten in spirituele misleiding.

**Actieplan – Afzien van valse verlichting**

1. **Controleer** uw blootstelling: hebt u mystieke boeken gelezen, energiegenezing beoefend, horoscopen gevolgd of rode touwtjes gedragen?
2. **Heb berouw** omdat u het licht buiten Christus hebt gezocht.
3. **Verbreek de banden** met:
    - Kabbalah/Zohar-leringen
    - Energiegeneeskunde of lichtactivering
    - Engelaanroepingen of naamdecodering
    - Heilige geometrie, numerologie of 'codes'
4. **Bid hardop** :

*"Jezus, U bent het Licht van de wereld. Ik verwerp elk vals licht, elke occulte leer en elke mystieke valstrik. Ik keer terug naar U als mijn enige bron van waarheid!"*

1. **Schriftgedeelten om te verklaren :**
    - Johannes 8:12
    - Deuteronomium 18:10-12
    - Jesaja 2:6
    - 2 Korintiërs 11:13-15

## Groepsaanvraag

- Vraag: Heb jij (of je familie) ooit deelgenomen aan of kennisgemaakt met New Age, numerologie, Kabbalah of mystieke 'licht'-leringen?
- Groepsverwerping van vals licht en hernieuwde toewijding aan Jezus als het enige Licht.
- Gebruik beeldspraak van zout en licht: geef elke deelnemer een snufje zout en een kaars om te verklaren: 'Ik ben zout en licht in Christus alleen.'

## Belangrijk inzicht

Niet al het licht is heilig. Wat buiten Christus schijnt, zal uiteindelijk verteren.

## Reflectiedagboek

- Heb ik kennis, kracht of genezing gezocht buiten het Woord van God?
- Welke spirituele hulpmiddelen of leringen moet ik loslaten?
- Is er iemand die ik heb geïntroduceerd in de New Age- of 'licht'-praktijken en die ik nu weer terug moet begeleiden?

## Gebed om bevrijding

*Vader, ik kom uit de overeenstemming met elke geest van vals licht, mystiek en geheime kennis. Ik verwerp kabbala, numerologie, heilige geometrie en elke duistere code die zich voordoet als licht. Ik verklaar dat Jezus het Licht van mijn leven is. Ik verlaat het pad van misleiding en stap in de waarheid. Zuiver mij met Uw vuur en vul mij met de Heilige Geest. In Jezus' naam. Amen.*

# DAG 29: DE ILLUMINATI SLUIER — HET ONTMASKEREN VAN DE ELITE OCCULTE NETWERKEN

"*De koningen der aarde stellen zich op en de heersers spannen samen tegen de HEERE en tegen Zijn Gezalfde.*" — Psalm 2:2

"*Er is niets verborgen dat niet geopenbaard zal worden, en niets verborgen dat niet aan het licht zal komen.*" — Lucas 8:17

Er is een wereld binnen onze wereld. Verborgen voor het oog.

Van Hollywood tot de high finance, van politieke corridors tot muziekimperiums, een netwerk van duistere allianties en spirituele contracten beheerst systemen die cultuur, denken en macht vormgeven. Het is meer dan een samenzwering – het is een eeroude rebellie, opnieuw verpakt voor het moderne toneel.

De Illuminati is in de kern niet zomaar een geheim genootschap – het is een Luciferiaanse agenda. Een spirituele piramide waar de topmensen trouw zweren door middel van bloed, rituelen en zielsuitwisseling, vaak verpakt in symbolen, mode en popcultuur om de massa te conditioneren.

Dit gaat niet over paranoia. Het gaat over bewustzijn.

**WAARGEBEURD VERHAAL – Een reis van roem naar geloof**

Marcus was een opkomende muziekproducent in de VS. Toen zijn derde grote hit de hitlijsten bereikte, werd hij geïntroduceerd in een exclusieve club – machtige mannen en vrouwen, spirituele 'mentoren', contracten gedrenkt in geheimzinnigheid. In eerste instantie leek het op elitaire mentoring. Toen kwamen de 'invocatie'-sessies – donkere kamers, rode lichten, gezangen en spiegelrituelen. Hij begon buitenlichamelijke reizen te ervaren, stemmen die 's nachts liedjes tegen hem fluisterden.

Op een nacht, onder invloed en kwelling, probeerde hij zelfmoord te plegen. Maar Jezus greep in. De voorspraak van een biddende grootmoeder brak door. Hij vluchtte, verzaakte het systeem en begon aan een lange reis naar bevrijding. Vandaag de dag legt hij de duisternis van de industrie bloot door middel van muziek die getuigt van het licht.

## VERBORGEN CONTROLESYSTEMEN

- **Bloedoffers en seksuele rituelen** – Initiatie tot macht vereist uitwisseling: lichaam, bloed of onschuld.
- **Mind Programming (MK Ultra-patronen)** – Gebruikt in media, muziek en politiek om gebroken identiteiten en afhandelingen te creëren.
- **Symboliek** – Piramide-ogen, feniksen, schaakbordvloeren, uilen en omgekeerde sterren – poorten van trouw.
- **Luciferiaanse leer** – "Doe wat je wilt", "Word je eigen god", " Lichtdrager -verlichting."

**Actieplan – Bevrijding van Elite Webs**

1. **Toon berouw** voor uw deelname aan een systeem dat verbonden is met occulte bekrachtiging, zelfs onbewust (muziek, media, contracten).
2. **Geef** roem, verborgen convenanten en de fascinatie voor de levensstijl van de elite koste wat kost op.
3. **Bid voor** elk contract, merk of netwerk waarvan je deel uitmaakt. Vraag de Heilige Geest om verborgen banden bloot te leggen.
4. **Verklaar hardop** :

"Ik verwerp elk systeem, elke eed en elk symbool van duisternis. Ik behoor tot het Koninkrijk van het Licht. Mijn ziel is niet te koop!"

1. **Ankergeschriften** :
    - Jesaja 28:15-18 – Het verbond met de dood zal niet

- standhouden
    - Psalm 2 – God lacht om boze samenzweringen
    - 1 Korintiërs 2:6-8 – De heersers van deze eeuw begrijpen Gods wijsheid niet

## GROEPSAANVRAAG

- Leid de groep in een sessie **om symbolen te reinigen**. Neem afbeeldingen of logo's mee waar deelnemers vragen over hebben.
- Moedig mensen aan om te delen waar zij Illuminati-tekenen in de popcultuur hebben gezien en hoe dit hun visie heeft gevormd.
- Nodig deelnemers uit om **hun invloed** (muziek, mode, media) opnieuw in te zetten voor het doel van Christus.

### Belangrijk inzicht
De krachtigste misleiding is die welke zich in glamour verbergt. Maar zodra het masker afgaat, breken de kettingen.

### Reflectiedagboek

- Voel ik mij aangetrokken tot symbolen of bewegingen die ik niet helemaal begrijp?
- Heb ik geloften of afspraken gemaakt in mijn streven naar invloed of roem?
- Welk deel van mijn gave of platform moet ik opnieuw aan God overgeven?

### Gebed van Vrijheid
*Vader, ik verwerp elke verborgen structuur, eed en invloed van de Illuminati en de occulte elite. Ik doe afstand van roem zonder U, macht zonder doel en kennis zonder de Heilige Geest. Ik annuleer elk bloed- of woordverbond dat ooit, bewust of onbewust, over mij is gesloten. Jezus, ik troon U als Heer over mijn geest, gaven en bestemming. Ontmasker en vernietig elke onzichtbare keten. In Uw naam sta ik op en wandel ik in het licht. Amen.*

# DAG 30: DE MYSTERIESCHOOLS — OUDE GEHEIMEN, MODERNE SLIJM

"*Hun keel is een open graf, hun tong is een bedrieglijke taal. Addergif is op hun lippen.*" — Romeinen 3:13

"*Noem niet alles wat dit volk een samenzwering noemt, samenzwering; vrees niet wat zij vrezen... De Heer van de hemelse machten moet u heilig achten...*" — Jesaja 8:12-13

Lang vóór de Illuminati bestonden er al oude mysteriescholen – Egypte, Babylonië, Griekenland, Perzië – die niet alleen bedoeld waren om "kennis" door te geven, maar ook om bovennatuurlijke krachten te wekken door middel van duistere rituelen. Tegenwoordig worden deze scholen nieuw leven ingeblazen in elite-universiteiten, spirituele retraites, "bewustzijnskampen", en zelfs via online trainingen die vermomd zijn als persoonlijke ontwikkeling of het ontwaken van een hoger bewustzijnsniveau.

Van kabbalakringen tot theosofie, hermetische ordes en het Rozenkruis – het doel is hetzelfde: "worden als goden", latente kracht ontwaken zonder overgave aan God. Verborgen gezangen, heilige geometrie, astrale projectie, het ontsluiten van de pijnappelklier en ceremoniële rituelen brengen velen in spirituele slavernij onder het mom van "licht".

Maar elk "licht" dat niet in Jezus geworteld is, is een vals licht. En elke verborgen eed moet gebroken worden.

**Waargebeurd verhaal – Van bedreven tot verlaten**

Sandra*, een Zuid-Afrikaanse wellnesscoach, werd via een mentorprogramma ingewijd in een Egyptische mysterie-orde. De training omvatte chakra-uitlijningen, zonnemeditaties, maanrituelen en eeuwenoude wijsheidsrollen. Ze begon 'downloads' en 'ascensies' te ervaren, maar deze veranderden al snel in paniekaanvallen, slaapverlamming en suïcidale gedachten.

Toen een bevrijdingsprediker de bron blootlegde, besefte Sandra dat haar ziel vastzat aan geloften en spirituele contracten. Het verzaken aan de orde betekende verlies van inkomsten en connecties – maar ze herwon haar vrijheid. Tegenwoordig runt ze een genezingscentrum met Christus als middelpunt en waarschuwt ze anderen voor New Age-bedrog.

**Gemeenschappelijke kenmerken van mysteriescholen vandaag de dag**

- **Kabbalacirkels** – Joodse mystiek gemengd met numerologie, engelenverering en astrale vlakken.
- **Hermetisme** – de leer van 'zo boven, zo beneden'; geeft de ziel de macht om de werkelijkheid te manipuleren.
- **Rozenkruisers** – Geheime orden die zich bezighouden met alchemistische transformatie en spirituele opstijging.
- **Vrijmetselarij en Esoterische Broederschappen** – Gelaagde progressie naar verborgen licht; elke graad gebonden door eden en rituelen.
- **Spirituele retraites** – psychedelische 'verlichtings'ceremonies met sjamanen of 'gidsen'.

### Actieplan – Het verbreken van oude jukken

1. **Verwerp** alle verbonden die gesloten zijn door inwijdingen, cursussen of spirituele contracten buiten Christus.
2. **Annuleer** de kracht van elke 'licht'- of 'energie'bron die niet geworteld is in de Heilige Geest.
3. **Reinig** uw huis van symbolen: ankh-symbolen, het oog van Horus, heilige geometrie, altaren, wierook, beelden en rituele boeken.
4. **Verklaar hardop** :

Ik verwerp elk oud en modern pad naar vals licht. Ik geef mij over aan Jezus Christus, het ware Licht. Elke geheime eed wordt verbroken door Zijn bloed.

## ANKER SCHRIFTEN

- Kolossenzen 2:8 – Geen holle en bedrieglijke filosofie
- Johannes 1:4-5 – Het ware licht schijnt in de duisternis
- 1 Korintiërs 1:19-20 – God vernietigt de wijsheid van de wijzen

## GROEPSAANVRAAG

- Organiseer een symbolische avond waarop de boekrollen worden verbrand (Handelingen 19:19), waarbij groepsleden alle occulte boeken, sieraden en andere voorwerpen meenemen en vernietigen.
- Bid voor mensen die vreemde kennis hebben 'gedownload' of hun derde-oogchakra's hebben geopend door meditatie.
- Neem de deelnemers mee door een **'lichtoverdracht'**- gebed, waarbij je de Heilige Geest vraagt om elk gebied dat eerder aan occult licht was overgeleverd, over te nemen.

## BELANGRIJK INZICHT
God verbergt de waarheid niet in raadsels en rituelen – Hij openbaart die door Zijn Zoon. Pas op voor het "licht" dat je de duisternis in trekt.

## REFLECTIEDAGBOEK

- Ben ik lid geworden van een online of fysieke school die oude wijsheid, activering of mysterieuze krachten belooft?
- Zijn er boeken, symbolen of rituelen waarvan ik ooit dacht dat ze ongevaarlijk waren, maar waar ik nu schuldig over ben?
- Waar heb ik meer naar spirituele ervaringen gezocht dan naar een relatie met God?

**Gebed om bevrijding**
*Heer Jezus, U bent de Weg, de Waarheid en het Licht. Ik bekeer mij voor elk pad dat ik heb bewandeld en dat Uw Woord omzeilde. Ik verwerp alle*

*mysteriescholen, geheime ordes, eden en inwijdingen. Ik verbreek de zielsbanden met alle gidsen, leraren, geesten en systemen die geworteld zijn in eeuwenoud bedrog. Schijn Uw licht in elke verborgen plek van mijn hart en vul mij met de waarheid van Uw Geest. In Jezus' naam wandel ik vrij. Amen.*

# DAG 31: KABBALA, HEILIGE GEOMETRIE & ELITE LICHTBEDROG

"*Want Satan zelf doet zich voor als een engel van het licht.*" — 2 Korintiërs 11:14

"*De verborgen dingen zijn voor de Heer, onze God, maar de geopenbaarde dingen zijn voor ons...*" — Deuteronomium 29:29

In onze zoektocht naar spirituele kennis schuilt een gevaar: de verleiding van 'verborgen wijsheid' die kracht, licht en goddelijkheid belooft, los van Christus. Van beroemdhedenkringen tot geheime loges, van kunst tot architectuur, een patroon van misleiding breidt zich uit over de hele wereld en lokt zoekers in het esoterische web van **kabbala**, **heilige geometrie** en **mysterieleer**.

Dit zijn geen onschuldige intellectuele verkenningen. Het zijn toegangswegen tot spirituele verbonden met gevallen engelen die zich voordoen als licht.

## WERELDWIJDE MANIFESTATIES

- **Hollywood en muziekindustrie** – Veel beroemdheden dragen openlijk Kabbalah-armbanden of tatoeëren heilige symbolen (zoals de Levensboom) die terug te voeren zijn op occulte Joodse mystiek.
- **Mode en architectuur** – Vrijmetselaarsontwerpen en heilige geometrische patronen (de Bloem des Levens, hexagrammen, het Oog van Horus) zijn verwerkt in kleding, gebouwen en digitale kunst.
- **Midden-Oosten en Europa** – Kabbalah-studiecentra floreren onder de elite, die mystiek vaak vermengt met numerologie, astrologie en

engelachtige aanroepingen.
- **Online & New Age-kringen wereldwijd** – YouTube, TikTok en podcasts normaliseren 'lichtcodes', 'energieportalen', '3-6-9 vibraties' en 'goddelijke matrix'-leringen gebaseerd op heilige geometrie en kabbalistische kaders.

### Waargebeurd verhaal — Wanneer licht een leugen wordt

Jana, een 27-jarige uit Zweden, begon zich te verdiepen in kabbala nadat ze haar favoriete zanger had gevolgd, die haar 'creatieve ontwaking' eraan te danken had. Ze kocht de rode armband, begon te mediteren met geometrische mandala's en bestudeerde engelennamen uit oude Hebreeuwse teksten.

Dingen begonnen te veranderen. Haar dromen werden vreemd. Ze voelde wezens naast zich in haar slaap, die haar wijsheid fluisterden – en vervolgens bloed eisten. Schaduwen volgden haar, maar ze verlangde naar meer licht.

Uiteindelijk stuitte ze online op een video over bevrijding en besefte ze dat haar kwelling niet spirituele verheffing was, maar spirituele misleiding. Na zes maanden van bevrijdingssessies, vasten en het verbranden van elk kabbalistisch voorwerp in haar huis, begon de vrede terug te keren. Ze waarschuwt nu anderen via haar blog: "Het valse licht heeft me bijna vernietigd."

## HET PAD ONDERSCHEIDEN

Kabbala, hoewel soms gehuld in religieuze gewaden, verwerpt Jezus Christus als de enige weg naar God. Kabbala verheft vaak het **'goddelijke zelf'**, bevordert **channeling** en **opstijging via de levensboom**, en gebruikt **wiskundige mystiek** om kracht op te roepen. Deze praktijken openen **spirituele poorten** – niet naar de hemel, maar naar entiteiten die zich voordoen als lichtdragers.

Veel kabbalistische doctrines hebben raakvlakken met:

- Vrijmetselarij
- Rozenkruisers
- Gnosticisme
- Luciferiaanse verlichtingsculten

De gemene deler? Het streven naar goddelijkheid zonder Christus.
**Actieplan – Vals licht blootleggen en verwijderen**

1. **Toon berouw** voor elke betrokkenheid bij Kabbala, numerologie, heilige geometrie of leringen van de 'mysterieschool'.
2. **Vernietig alle voorwerpen** in uw huis die verband houden met deze gebruiken, zoals mandala's, altaren, Kabbala-teksten, kristallen roosters en sieraden met heilige symbolen.
3. **Verwerp de geesten van vals licht** (bijvoorbeeld Metatron, Raziel en Shekinah in mystieke vorm) en gebied elke valse engel om te vertrekken.
4. **Dompel jezelf onder** in de eenvoud en genoegzaamheid van Christus (2 Korintiërs 11:3).
5. **Vast en zalf** jezelf - ogen, voorhoofd, handen - waarbij je afstand doet van alle valse wijsheid en je trouw alleen aan God verklaart.

Groepsaanvraag

- Deel eventuele ontmoetingen met 'lichtlessen', numerologie, Kabbala-media of heilige symbolen.
- Maak als groep een lijst van zinnen of overtuigingen die 'spiritueel' klinken, maar die in strijd zijn met Christus (bijv. 'Ik ben goddelijk', 'het universum voorziet', 'Christusbewustzijn').
- Zalf elke persoon met olie terwijl u Johannes 8:12 uitspreekt: *"Jezus is het Licht van de wereld."*
- Verbrand of gooi alle materialen of voorwerpen weg die verwijzen naar heilige geometrie, mystiek of 'goddelijke codes'.

## BELANGRIJK INZICHT

Satan komt niet eerst als vernietiger. Hij komt vaak als verlichter – door geheime kennis en vals licht te bieden. Maar dat licht leidt alleen maar tot diepere duisternis.

**Reflectiedagboek**

- Heb ik mijn geest geopend voor enig 'spiritueel licht' dat Christus omzeilt?
- Zijn er symbolen, zinnen of objecten waarvan ik dacht dat ze ongevaarlijk waren, maar die ik nu herken als portalen?
- Heb ik persoonlijke wijsheid belangrijker gevonden dan de waarheid uit de Bijbel?

**Gebed om bevrijding**
Vader, ik verwerp elk vals licht, elke mystieke leer en elke geheime kennis die mijn ziel heeft verstrikt. Ik belijd dat alleen Jezus Christus het ware Licht van de wereld is. Ik verwerp kabbala, heilige geometrie, numerologie en alle demonische leringen. Laat elke valse geest nu uit mijn leven worden verdreven. Reinig mijn ogen, mijn gedachten, mijn verbeelding en mijn ziel. Ik ben alleen van U – geest, ziel en lichaam. In Jezus' naam. Amen.

# DAG 3 2: DE SLANGGEEST BINNENIN — ALS DE VERLOSSING TE LAAT KOMT

"*Ze hebben ogen vol overspel... ze verleiden onstandvastige zielen... ze zijn de weg van Bileam gevolgd... voor wie de duisternis van de duisternis voor eeuwig bewaard is.*" — 2 Petrus 2:14-17

"*Laat u niet misleiden: God laat zich niet bespotten. Wat een mens zaait, zal hij oogsten.*" — Galaten 6:7

Er bestaat een demonische namaak die zich voordoet als verlichting. Het geneest, geeft energie, geeft kracht – maar slechts voor een tijdje. Het fluistert goddelijke mysteries, opent je 'derde oog', ontketent kracht in je ruggengraat – en **brengt je vervolgens in slavernij in kwelling**.

Het is **Kundalini**.

De **slangengeest**.

De valse 'heilige geest' van de New Age.

Eenmaal geactiveerd – door yoga, meditatie, psychedelica, trauma of occulte rituelen – kronkelt deze kracht zich rond de basis van de ruggengraat en stijgt als vuur door de chakra's. Velen geloven dat het spiritueel ontwaken betekent. In werkelijkheid is het **demonische bezetenheid** vermomd als goddelijke energie.

Maar wat gebeurt er als het **niet weggaat**?

**Waargebeurd verhaal – "Ik kan het niet uitzetten"**

Marissa, een jonge christelijke vrouw in Canada, had zich al verdiept in 'christelijke yoga' voordat ze haar leven aan Christus gaf. Ze hield van de vredige gevoelens, de vibraties, de lichtvisioenen. Maar na een intense sessie waarin ze haar ruggengraat voelde 'ontbranden', viel ze flauw – en werd wakker zonder adem te kunnen halen. Die nacht begon iets **haar slaap te kwellen**, haar lichaam te verdraaien, te verschijnen als 'Jezus' in haar dromen – maar haar te bespotten.

Ze ontving vijf keer **verlossing**. De geesten vertrokken – maar keerden terug. Haar ruggengraat trilde nog steeds. Haar ogen keken voortdurend in het geestenrijk. Haar lichaam bewoog onwillekeurig. Ondanks de verlossing liep ze nu door een hel die weinig christenen begrepen. Haar geest was gered – maar haar ziel was **geschonden, opengebarsten en versplinterd**.

**De nasleep waar niemand over praat**

- **Het derde oog blijft open** : voortdurende visioenen, hallucinaties, spiritueel lawaai, leugenachtige "engelen".
- **Het lichaam stopt niet met trillen** : Oncontroleerbare energie, druk in de schedel, hartkloppingen.
- **Onophoudelijke kwelling** : Zelfs na 10+ bevrijdingssessies.
- **Isolatie** : Pastors begrijpen het niet. Kerken negeren het probleem. De persoon wordt als 'instabiel' bestempeld.
- **Angst voor de hel** : Niet vanwege de zonde, maar vanwege de kwelling die maar niet wil ophouden.

**Kunnen christenen een punt bereiken waar geen weg terug meer is?**

Ja – in dit leven. Je kunt **gered worden**, maar zo gefragmenteerd dat **je ziel tot de dood toe gekweld wordt**.

Dit is geen angstzaaierij. Dit is een **profetische waarschuwing**.

**Wereldwijde voorbeelden**

- **Afrika** – Valse profeten laten tijdens kerkdiensten Kundalini-vuur vrij – mensen krijgen stuiptrekkingen, schuimbekken, lachen of brullen.
- **Azië** – Yogameesters stijgen op in "siddhi" (demonische bezetenheid) en noemen het godbewustzijn.
- **Europa/Noord-Amerika** – Neo-charismatische bewegingen die 'glorierijken' kanaliseren, blaffen, lachen, oncontroleerbaar vallen – niet van God.
- **Latijns-Amerika** – Sjamanistische ontwakingen waarbij ayahuasca (plantaardige drugs) wordt gebruikt om spirituele deuren te openen die ze niet kunnen sluiten.

## ACTIEPLAN - ALS U TE ver bent gegaan

1. **Beken de exacte poort** : Kundalini yoga, meditaties van het derde oog, new age-kerken, psychedelica, etc.
2. **Stop met het najagen van bevrijding** : Sommige geesten blijven langer kwellen als je ze blijft aanwakkeren met angst.
3. **Veranker uzelf** DAGELIJKS in de Schrift, vooral Psalm 119, Jesaja 61 en Johannes 1. Deze vernieuwen de ziel.
4. **Geef je over aan de gemeenschap** : Zoek minstens één gelovige die vervuld is van de Heilige Geest om mee te wandelen. Isolatie geeft demonen macht.
5. **Verzaak alle spirituele 'visie', vuur, kennis, energie** – zelfs als het heilig aanvoelt.
6. **Vraag God om genade** – Niet één keer. Dagelijks. Elk uur. Volhard. God neemt het misschien niet meteen weg, maar Hij zal je dragen.

## GROEPSAANVRAAG

- Houd een moment van stilte en bezinning. Vraag jezelf af: Heb ik spirituele kracht nagestreefd boven spirituele zuiverheid?
- Bid voor degenen die onophoudelijk gekweld worden. Beloof GEEN onmiddellijke vrijheid - beloof **discipelschap** .
- Leer het verschil tussen de **vrucht van de Geest** (Galaten 5:22-23) en **manifestaties van de ziel** (beving, hitte, visioenen).
- Verbrand of vernietig elk voorwerp uit het nieuwe tijdperk: chakrasymbolen, kristallen, yogamatten, boeken, oliën, 'Jezuskaarten'.

**Belangrijk inzicht**

Er is een **grens** die overschreden kan worden – wanneer de ziel een open poort wordt en weigert zich te sluiten. Je geest kan gered zijn... maar je ziel en lichaam kunnen nog steeds in kwelling leven als je bezoedeld bent door occult licht.

**Reflectiedagboek**

- Heb ik ooit meer naar macht, vuur of profetische inzichten gestreefd dan naar heiligheid en waarheid?
- Heb ik door middel van 'gekerstende' New Age-praktijken deuren geopend?
- Ben ik bereid om **dagelijks** met God te wandelen, zelfs als het jaren duurt voordat ik volledig bevrijd ben?

**Gebed om overleving**

Vader, ik smeek om genade. Ik verwerp elke slangengeest, Kundalini-kracht, opening van het derde oog, vals vuur of new age-namaak die ik ooit heb aangeraakt. Ik geef mijn ziel – gebroken als ze is – terug aan U. Jezus, red me niet alleen van zonde, maar ook van kwelling. Verzegel mijn poorten. Genees mijn geest. Sluit mijn ogen. Verpletter de slang in mijn ruggengraat. Ik wacht op U, zelfs in de pijn. En ik zal niet opgeven. In Jezus' naam. Amen.

# DAG 33: DE SLANGGEEST BINNENIN — ALS DE VERLOSSING TE LAAT KOMT

"*Ze hebben ogen vol overspel... ze verleiden onstandvastige zielen... ze zijn de weg van Bileam gevolgd... voor wie de duisternis van de duisternis voor eeuwig bewaard is.*" — 2 Petrus 2:14-17

"*Laat u niet misleiden: God laat zich niet bespotten. Wat een mens zaait, zal hij oogsten.*" — Galaten 6:7

Er bestaat een demonische namaak die zich voordoet als verlichting. Het geneest, geeft energie, geeft kracht – maar slechts voor een tijdje. Het fluistert goddelijke mysteries, opent je 'derde oog', ontketent kracht in je ruggengraat – en **brengt je vervolgens in slavernij in kwelling**.

Het is **Kundalini**.

De **slangengeest**.

De valse 'heilige geest' van de New Age.

Eenmaal geactiveerd – door yoga, meditatie, psychedelica, trauma of occulte rituelen – kronkelt deze kracht zich rond de basis van de ruggengraat en stijgt als vuur door de chakra's. Velen geloven dat het spiritueel ontwaken betekent. In werkelijkheid is het **demonische bezetenheid** vermomd als goddelijke energie.

Maar wat gebeurt er als het **niet weggaat**?

**Waargebeurd verhaal – "Ik kan het niet uitzetten"**

Marissa, een jonge christelijke vrouw in Canada, had zich al verdiept in 'christelijke yoga' voordat ze haar leven aan Christus gaf. Ze hield van de vredige gevoelens, de vibraties, de lichtvisioenen. Maar na een intense sessie waarin ze haar ruggengraat voelde 'ontbranden', viel ze flauw – en werd wakker zonder adem te kunnen halen. Die nacht begon iets **haar slaap te kwellen**, haar lichaam te verdraaien, te verschijnen als 'Jezus' in haar dromen – maar haar te bespotten.

Ze ontving vijf keer **verlossing**. De geesten vertrokken – maar keerden terug. Haar ruggengraat trilde nog steeds. Haar ogen keken voortdurend in het geestenrijk. Haar lichaam bewoog onwillekeurig. Ondanks de verlossing liep ze nu door een hel die weinig christenen begrepen. Haar geest was gered – maar haar ziel was **geschonden, opengebarsten en versplinterd**.

**De nasleep waar niemand over praat**

- **Het derde oog blijft open**: voortdurende visioenen, hallucinaties, spiritueel lawaai, "engelen" die leugens vertellen.
- **Het lichaam stopt niet met trillen**: Oncontroleerbare energie, druk in de schedel, hartkloppingen.
- **Onophoudelijke kwelling**: Zelfs na 10+ bevrijdingssessies.
- **Isolatie**: Pastors begrijpen het niet. Kerken negeren het probleem. De persoon wordt als 'instabiel' bestempeld.
- **Angst voor de hel**: Niet vanwege de zonde, maar vanwege de kwelling die maar niet wil ophouden.

**Kunnen christenen een punt bereiken waar geen weg terug meer is?**

Ja – in dit leven. Je kunt **gered worden**, maar zo gefragmenteerd dat **je ziel tot de dood toe gekweld wordt**.

Dit is geen angstzaaierij. Dit is een **profetische waarschuwing**.

**Wereldwijde voorbeelden**

- **Afrika** – Valse profeten laten tijdens kerkdiensten Kundalini-vuur vrij – mensen krijgen stuiptrekkingen, schuimbekken, lachen of brullen.
- **Azië** – Yogameesters stijgen op in "siddhi" (demonische bezetenheid) en noemen het godbewustzijn.
- **Europa/Noord-Amerika** – Neo-charismatische bewegingen die 'glorierijken' kanaliseren, blaffen, lachen, oncontroleerbaar vallen – niet van God.
- **Latijns-Amerika** – Sjamanistische ontwakingen waarbij ayahuasca (plantaardige drugs) wordt gebruikt om spirituele deuren te openen die ze niet kunnen sluiten.

## Actieplan - Als u te ver bent gegaan

1. **Beken de exacte poort** : Kundalini yoga, meditaties van het derde oog, new age-kerken, psychedelica, etc.
2. **Stop met het najagen van bevrijding** : Sommige geesten blijven langer kwellen als je ze blijft aanwakkeren met angst.
3. **Veranker uzelf** DAGELIJKS in de Schrift, vooral Psalm 119, Jesaja 61 en Johannes 1. Deze vernieuwen de ziel.
4. **Geef je over aan de gemeenschap** : Zoek minstens één gelovige die vervuld is van de Heilige Geest om mee te wandelen. Isolatie geeft demonen macht.
5. **Verzaak alle spirituele 'visie', vuur, kennis, energie** – zelfs als het heilig aanvoelt.
6. **Vraag God om genade** – Niet één keer. Dagelijks. Elk uur. Volhard. God neemt het misschien niet meteen weg, maar Hij zal je dragen.

## Groepsaanvraag

- Houd een moment van stilte en denk na. Vraag jezelf af: Heb ik spirituele kracht nagestreefd boven spirituele zuiverheid?
- Bid voor degenen die onophoudelijk gekweld worden. Beloof GEEN onmiddellijke vrijheid - beloof **discipelschap** .
- Leer het verschil tussen de **vrucht van de Geest** (Galaten 5:22-23) en **manifestaties van de ziel** (beving, hitte, visioenen).
- Verbrand of vernietig elk voorwerp uit het nieuwe tijdperk: chakrasymbolen, kristallen, yogamatten, boeken, oliën, 'Jezuskaarten'.

### Belangrijk inzicht

Er is een **grens** die overschreden kan worden – wanneer de ziel een open poort wordt en weigert zich te sluiten. Je geest kan gered zijn... maar je ziel en lichaam kunnen nog steeds in kwelling leven als je bezoedeld bent door occult licht.

### Reflectiedagboek

- Heb ik ooit meer naar macht, vuur of profetische inzichten gestreefd dan naar heiligheid en waarheid?
- Heb ik door middel van 'gekerstende' New Age-praktijken deuren geopend?
- Ben ik bereid om **dagelijks** met God te wandelen, zelfs als het jaren duurt voordat ik volledig bevrijd ben?

### Gebed om overleving

**Vader, ik smeek om genade. Ik verwerp elke slangengeest, Kundalini-kracht, opening van het derde oog, vals vuur of new age-namaak die ik ooit heb aangeraakt. Ik geef mijn ziel – gebroken als ze is – terug aan U. Jezus, red me niet alleen van zonde, maar ook van kwelling. Verzegel mijn poorten. Genees mijn geest. Sluit mijn ogen. Verpletter de slang in mijn ruggengraat. Ik wacht op U, zelfs in de pijn. En ik zal niet opgeven. In Jezus' naam. Amen.**

# DAG 34: VRIJMETSELAARS, CODES & VLOEKEN — Wanneer broederschap slavernij wordt

"*Heb geen gemeenschap met de onvruchtbare werken van de duisternis, maar ontmasker ze veeleer.*" — Efeziërs 5:11
"*U zult geen verbond met hen sluiten, noch met hun goden.*" — Exodus 23:32

Geheime genootschappen beloven succes, verbondenheid en eeuwenoude wijsheid. Ze bieden **eden, graden en geheimen** aan die "voor goede mannen" worden doorgegeven. Maar wat de meesten zich niet realiseren, is dat deze genootschappen **verbondsaltaren zijn**, vaak gebouwd op bloed, bedrog en demonische loyaliteit.

Van Vrijmetselarij tot Kabbala, van Rozenkruisers tot Skull & Bones – deze organisaties zijn niet zomaar clubs. Het zijn **spirituele contracten**, gesmeed in het duister en bezegeld met rituelen die **generaties vervloeken**.

Sommigen sloten zich vrijwillig aan. Anderen hadden voorouders die dat ook deden.

Hoe dan ook, de vloek blijft bestaan – totdat hij verbroken is.

**Een verborgen erfenis - Jasons verhaal**

Jason, een succesvolle bankier in de VS, had alles mee: een prachtig gezin, rijkdom en invloed. Maar 's nachts werd hij wakker en stikte hij, zag hij figuren met capuchons en hoorde hij bezweringen in zijn dromen. Zijn grootvader was een 33e-graads Vrijmetselaar geweest, en Jason droeg de ring nog steeds.

Hij sprak ooit gekscherend de vrijmetselaarsgeloften uit tijdens een clubevenement – maar op het moment dat hij dat deed, **schoot er iets door hem heen**. Zijn geest begon te breken. Hij hoorde stemmen. Zijn vrouw verliet hem. Hij probeerde er een einde aan te maken.

Tijdens een retraite ontdekte iemand de vrijmetselaarsband. Jason huilde terwijl hij **elke eed verbrak**, de ring brak en drie uur lang bevrijding onderging. Die nacht sliep hij voor het eerst in jaren in vrede.

Zijn getuigenis?

*"Je maakt geen grapjes met geheime altaren. Ze spreken – totdat je ze in Jezus' naam opsluit."*

## WERELDWIJD WEB VAN de Broederschap

- **Europa** – Vrijmetselarij is diepgeworteld in het bedrijfsleven, de politiek en kerkgenootschappen.
- **Afrika** – Illuminati en geheime ordes die rijkdommen aanbieden in ruil voor zielen; sekten op universiteiten.
- **Latijns-Amerika** – Jezuïtische infiltratie en vrijmetselaarsrituelen vermengd met katholieke mystiek.
- **Azië** – Oude mysteriescholen, tempelpriesterschappen verbonden aan generatie-eden.
- **Noord-Amerika** – Eastern Star, Scottish Rite, broederschappen zoals Skull & Bones, Bohemian Grove elites.

Deze sekten beroepen zich vaak op 'God', maar niet op de **God van de Bijbel**. Ze verwijzen naar de **Grote Architect**, een onpersoonlijke kracht die verbonden is met het **Luciferiaanse licht**.

### Tekenen dat u er last van heeft

- Chronische ziekte die artsen niet kunnen verklaren.
- Angst voor vooruitgang of angst om te breken met het familiesysteem.
- Dromen over gewaden, rituelen, geheime deuren, loges of vreemde ceremonies.
- Depressie of krankzinnigheid in de mannelijke lijn.
- Vrouwen die kampen met onvruchtbaarheid, misbruik of angst.

### Bevrijdingsactieplan

1. **Verwerp alle bekende eden** – vooral als u of uw familie lid was van de Vrijmetselarij, de Rozenkruisers, de Oostelijke Ster, de Kabbala of een andere "broederschap."
2. **Geef elke graad aan** – van Entered Apprentice tot en met 33e graad, op naam.
3. **Vernietig alle symbolen** – ringen, schorten, boeken, hangers, certificaten, etc.
4. **Sluit de poort** – geestelijk en juridisch, door gebed en verklaring.

*Gebruik deze Schriftteksten:*

- Jesaja 28:18 — "Uw verbond met de dood zal tenietgedaan worden."
- Galaten 3:13 — "Christus heeft ons verlost van de vloek van de wet."
- Ezechiël 13:20–23 — "Ik zal uw sluiers scheuren en Mijn volk bevrijden."

### Groepsapplicatie

- Vraag of er leden zijn waarvan de ouders of grootouders lid zijn van geheime genootschappen.
- Leid een **begeleide onthechting** door alle graden van de Vrijmetselarij (u kunt hiervoor een gedrukt script maken).
- Gebruik symbolische handelingen: verbrand een oude ring of teken een kruis over het voorhoofd om het 'derde oog' dat tijdens rituelen geopend is, teniet te doen.
- Bid voor de geest, de nek en de rug – dit zijn veelvoorkomende plekken van slavernij.

### Belangrijk inzicht

**Broederschap zonder het bloed van Christus is een broederschap in slavernij.**

Je moet kiezen: een verbond met de mens of een verbond met God.

### Reflectiedagboek

- Is er iemand in mijn familie betrokken bij vrijmetselarij, mystiek of geheime eden?
- Heb ik onbewust geloften, geloofsovertuigingen of symbolen van geheime genootschappen gereciteerd of nagebootst?
- Ben ik bereid om de familietraditie te verbreken om volledig in Gods verbond te wandelen?

**Gebed van verzaking**

Vader, in de naam van Jezus verwerp ik elk verbond, elke eed of elk ritueel dat verbonden is met de Vrijmetselarij, Kabbala of enig geheim genootschap – in mijn leven of bloedlijn. Ik verbreek elke graad, elke leugen, elk demonisch recht dat door ceremonies of symbolen is verleend. Ik verklaar dat Jezus Christus mijn enige Licht, mijn enige Architect en mijn enige Heer is. Ik ontvang nu vrijheid, in Jezus' naam. Amen.

# DAG 35: HEKSEN IN DE KERKBANKEN — ALS HET KWAAD DOOR DE KERKDEUREN BINNENKOMT

"*Want zulke mannen zijn valse apostelen, bedrieglijke arbeiders, die zich voordoen als apostelen van Christus. En geen wonder, want zelfs Satan doet zich voor als een engel van het licht.*" — 2 Korintiërs 11:13-14

"*Ik ken uw daden, uw liefde en uw geloof... Maar dit heb Ik tegen u: u tolereert die vrouw Izebel, die zichzelf een profetes noemt...*" — Openbaring 2:19-20

De gevaarlijkste heks is niet degene die 's nachts vliegt.

Het is degene die **naast je in de kerk zit**.

Ze dragen geen zwarte gewaden en vliegen niet op bezemstelen.

Ze leiden gebedsbijeenkomsten, zingen in aanbiddingsteams, profeteren in tongen, zijn voorgangers in kerken. En toch... zijn ze **dragers van de duisternis**.

Sommigen weten precies wat ze doen – gestuurd als spirituele moordenaars. Anderen zijn slachtoffers van voorouderlijke hekserij of rebellie, en opereren met

**onreine** gaven.

**De kerk als dekmantel - Het verhaal van "Miriam"**

Mirjam was een populaire bevrijdingsprediker in een grote West-Afrikaanse kerk. Haar stem gaf demonen bevel te vluchten. Mensen reisden door de hele wereld om door haar gezalfd te worden.

Maar Mirjam had een geheim: 's nachts reisde ze uit haar lichaam. Ze zag de huizen van kerkleden, hun zwakheden en hun bloedlijnen. Ze dacht dat het 'profetisch' was.

Haar macht groeide. Maar ook haar kwelling.

Ze begon stemmen te horen. Kon niet slapen. Haar kinderen werden aangevallen. Haar man verliet haar.

Uiteindelijk bekende ze: als kind was ze 'geactiveerd' door haar grootmoeder, een machtige heks die haar onder vervloekte dekens liet slapen.

*"Ik dacht dat ik vervuld was met de Heilige Geest. Het was een geest... maar niet heilig."*

Ze heeft de bevrijding meegemaakt. Maar de strijd is nooit gestopt. Ze zegt:

*"Als ik niet had gebiecht, was ik op een brandend altaar gestorven... in de kerk."*

### Wereldwijde situaties van verborgen hekserij in de kerk

- **Afrika** – Spirituele afgunst. Profeten die waarzeggerij, rituelen en watergeesten gebruiken. Veel altaren zijn in feite portalen.
- **Europa** – Paranormale mediums die zich voordoen als 'spirituele coaches'. Hekserij verpakt in new age-christendom.
- **Azië** – Tempelpriesteressen die kerken binnengaan om vloeken te planten en bekeerlingen tot het astrale systeem.
- **Latijns-Amerika** – Santería – praktiserende "pastors" die bevrijding prediken, maar 's nachts kippen offeren.
- **Noord-Amerika** – Christelijke heksen die beweren "Jezus en tarot" te zijn, energiegenezers op kerkpodia en pastors die betrokken zijn bij vrijmetselarijrituelen.

### Tekenen van hekserij in de kerk

- Drukke sfeer of verwarring tijdens de eredienst.
- Dromen over slangen, seks of dieren na de kerkdienst.
- Leiders die plotseling in zonde vervallen of een schandaal aangaan.
- 'Profetieën' die manipuleren, verleiden of beschamen.
- Iedereen die zegt: "God vertelde mij dat jij mijn man/vrouw bent."
- Vreemde voorwerpen gevonden bij de preekstoel of altaren.

## BEVRIJDINGSACTIEPLAN

1. **Bid om onderscheidingsvermogen** — Vraag de Heilige Geest om te onthullen of er zich in uw gemeenschap verborgen heksen bevinden.

2. **Beproef elke geest**, ook al klinkt hij geestelijk (1 Johannes 4:1).
3. **Verbreek de zielsbanden** — Als er over je gebeden is, als er tegen je geprofeteerd is of als je aangeraakt bent door iemand die onrein is, **verwerp het dan**.
4. **Bid voor uw kerk** — Verkondig het vuur van God om elk verborgen altaar, elke geheime zonde en elke geestelijke bloedzuiger bloot te leggen.
5. **Als je slachtoffer bent**, zoek dan hulp. Blijf niet stil of alleen.

### Groepsaanvraag

- Vraag de groepsleden: Heb je je ooit ongemakkelijk of geestelijk geschonden gevoeld tijdens een kerkdienst?
- Leid een **gezamenlijk reinigingsgebed** voor de gemeente.
- Zalf elke persoon en verklaar een **geestelijke barrière** rondom gedachten, altaren en gaven.
- Leer leiders hoe ze **gaven kunnen screenen** en **karaktereigenschappen kunnen testen** voordat ze mensen een zichtbare rol toekennen.

### Belangrijk inzicht
**Niet iedereen die "Heer, Heer" zegt, komt van de Heer.**
De kerk is het **voornaamste strijdtoneel** voor geestelijke besmetting – maar ook de plaats van genezing wanneer de waarheid hoog wordt gehouden.

### Reflectiedagboek

- Heb ik gebeden, gaven of begeleiding ontvangen van iemand wiens leven onheilige vruchten heeft voortgebracht?
- Zijn er momenten geweest dat ik me na de kerkdienst niet lekker voelde, maar het negeerde?
- Ben ik bereid om hekserij te bestrijden, zelfs als ze een pak draagt of op het podium zingt?

### Gebed van blootstelling en vrijheid

Heer Jezus, ik dank U dat U het ware Licht bent. Ik vraag U nu om elke verborgen agent van de duisternis die in of rond mijn leven en gemeenschap opereert, te ontmaskeren. Ik verwerp elke onheilige ingeving, valse profetie of zielsband die ik van geestelijke bedriegers heb ontvangen. Reinig mij met Uw bloed. Zuiver mijn gaven. Bewaak mijn poorten. Verbrand elke valse geest met Uw heilig vuur. In Jezus' naam. Amen.

# DAG 36: GECODEERDE SPREUK — ALS LIEDJES, MODE EN FILMS PORTALEN WORDEN

"*Neem geen deel aan de onvruchtbare werken van de duisternis, maar ontmasker ze in plaats daarvan.*" — Efeziërs 5:11

"*Laat u niet in met goddeloze mythen en oudewijvenverhalen; oefen uzelf in plaats daarvan in godvruchtigheid.*" — 1 Timoteüs 4:7

Niet elke strijd begint met een bloedoffer.

Sommige beginnen met een **beat**.

Een melodie. Een pakkende tekst die in je ziel blijft hangen. Of een **symbool** op je kleding dat je "cool" vond.

Of een "onschuldige" show die je bingewatcht terwijl demonen in de schaduwen glimlachen.

In de huidige, hypergeconnecteerde wereld is hekserij **gecodeerd en voor het oog** verborgen via media, muziek, films en mode.

**Een donker geluid - Waargebeurd verhaal: "De koptelefoon"**

Elijah, een 17-jarige jongen uit de VS, kreeg last van paniekaanvallen, slapeloze nachten en demonische dromen. Zijn christelijke ouders dachten dat het stress was.

Maar tijdens een bevrijdingssessie gaf de Heilige Geest het team de opdracht om vragen te stellen over zijn **muziek**.

Hij bekende: "Ik luister naar trapmetal. Ik weet dat het duister is... maar het geeft me een krachtig gevoel."

Toen het team een van zijn favoriete nummers speelde tijdens een gebed, ontstond er een **manifestatie**.

De beats waren gecodeerd met **gezangen** uit occulte rituelen. Achteraf maskeren onthulde zinnen als "geef je ziel over" en "Lucifer spreekt".

Nadat Elia de muziek had verwijderd, berouw had getoond en de verbinding had verbroken, keerde de vrede terug.

De oorlog was via zijn **gehoorpoorten binnengekomen**.

## Globale programmeringspatronen

- **Afrika** – Afrobeatliedjes die te maken hebben met geldrituelen; "juju"-verwijzingen verborgen in songteksten; modemerken met symbolen uit het zeerijk.
- **Azië** – K-pop met subliminale seksuele en spirituele boodschappen; animekarakters doordrenkt met Shinto-demonenkennis.
- **Latijns-Amerika** – Reggaeton die Santería- gezangen en achterwaarts gecodeerde spreuken propageert.
- **Europa** – Modehuizen (Gucci, Balenciaga) integreren satanische beelden en rituelen in de catwalkcultuur.
- **Noord-Amerika** – Hollywoodfilms waarin hekserij een rol speelt (Marvel, horror, "licht versus donker"-films); tekenfilms waarin spreuken als vermaak worden gebruikt.

### Common Entry Portals (and Their Spirit Assignments)

| Media Type | Portal | Demonic Assignment |
|---|---|---|
| Music | Beats/samples from rituals | Torment, violence, rebellion |
| TV Series | Magic, lust, murder glorification | Desensitization, soul dulling |
| Fashion | Symbols (serpent, eye, goat, triangles) | Identity confusion, spiritual binding |
| Video Games | Sorcery, blood rites, avatars | Astral transfer, addiction, occult alignment |
| Social Media | Trends on "manifestation," crystals, spells | Sorcery normalization |

## ACTIEPLAN – ONDERSCHEIDEN, Ontgiften, Verdedigen

1. **Controleer je afspeellijst, garderobe en kijkgeschiedenis**. Let op occulte, wellustige, rebelse of gewelddadige content.
2. **Vraag de Heilige Geest om** elke onheilige invloed bloot te leggen.
3. **Verwijder en vernietig**. Verkoop of doneer niets. Verbrand of gooi alles wat demonisch is weg, fysiek of digitaal.
4. **Zalf uw plannen**, kamer en oren. Verklaar ze geheiligd tot eer van God.
5. **Vervang door waarheid**: aanbiddingsmuziek, goddelijke films, boeken en Schriftlezingen die uw geest vernieuwen.

### Groepsapplicatie

- Leid de leden in een 'Media Inventarisatie'. Laat iedereen programma's, liedjes of voorwerpen opschrijven waarvan ze vermoeden dat ze portals kunnen zijn.
- Bid over telefoons en koptelefoons. Zalf ze.
- Doe een groepsdetoxvasten – 3 tot 7 dagen zonder seculiere media. Voed je alleen met Gods Woord, aanbidding en gemeenschap.
- Leg de resultaten voor tijdens de volgende vergadering.

### Belangrijk inzicht

**Demonen hebben geen heiligdom meer nodig om je huis binnen te komen. Ze hebben alleen jouw toestemming nodig om op play te drukken.**

### Reflectiedagboek

- Wat heb ik gezien, gehoord of gedragen dat een open deur naar onderdrukking zou kunnen zijn?
- Ben ik bereid om op te geven wat mij vermaakt, als het mij ook tot slaaf maakt?
- Heb ik rebellie, lust, geweld of spot genormaliseerd in naam van 'kunst'?

## GEBED VAN ZUIVERING

Heer Jezus, ik kom voor U en vraag om een volledige spirituele detox. Ontmasker elke gecodeerde betovering die ik in mijn leven heb toegelaten via muziek, mode, games of media. Ik heb berouw voor het kijken naar, dragen van en luisteren naar wat U onteert. Vandaag verbreek ik de zielsbanden. Ik verdrijf elke geest van rebellie, hekserij, lust, verwarring of kwelling. Reinig mijn ogen, oren en hart. Ik wijd nu mijn lichaam, media en keuzes alleen aan U. In Jezus' naam. Amen.

# DAG 37: DE ONZICHTBARE ALTAAR VAN MACHT — VRIJMETSELAARS, KABBALA EN OCCULTE ELITES

Opnieuw nam de duivel Hem mee naar een zeer hoge berg en toonde Hem alle koninkrijken van de wereld en hun pracht. 'Dit alles zal ik U geven,' zei hij, 'als U zich voor mij buigt en mij aanbidt.' — Matteüs 4:8-9

"U kunt niet de beker van de Heer drinken én de beker van de demonen; u kunt niet deel hebben aan de tafel van de Heer én aan de tafel van de demonen." — 1 Korintiërs 10:21

Er zijn altaren verborgen, niet in grotten, maar in vergaderzalen.

Geesten niet alleen in jungles, maar ook in regeringsgebouwen, financiële torens, bibliotheken van de Ivy League en heiligdommen die vermomd zijn als 'kerken'.

Welkom in het rijk van de **occulte elite** :

Vrijmetselaars, Rozenkruisers , Kabbalisten , Jezuïetenordes, Oosterse Sterren en verborgen Luciferiaanse priesterschappen die **hun toewijding aan Satan verhullen in rituelen, geheimhouding en symbolen** . Hun goden zijn rede, macht en oeroude kennis – maar hun **zielen zijn toegewijd aan de duisternis** .

**Verborgen in het zicht**

- **De Vrijmetselarij** doet zich voor als een broederschap van bouwers, maar haar hogere graden roepen demonische entiteiten aan, zweren doodseden en verheerlijken Lucifer als 'lichtdrager'.
- **Kabbala** belooft mystieke toegang tot God, maar vervangt Jahweh op subtiele wijze door kosmische energiekaarten en numerologie.
- **De jezuïtische mystiek** , in haar verdorven vormen, vermengt vaak katholieke beeldspraak met spirituele manipulatie en controle over

wereldsystemen.
- **Hollywood, mode, financiën en politiek** dragen allemaal gecodeerde boodschappen, symbolen en **openbare rituelen met zich mee die in feite aanbiddingsdiensten ter ere van Lucifer zijn**.

Je hoeft geen beroemdheid te zijn om er last van te hebben. Deze systemen **vervuilen landen** via:

- Mediaprogrammering
- Onderwijssystemen
- Religieus compromis
- Financiële afhankelijkheid
- Rituelen vermomd als 'inwijdingen', 'beloftes' of 'merkdeals'

**Waargebeurd verhaal – "De Loge heeft mijn afkomst verwoest"**

Solomon (naam gewijzigd), een succesvolle zakenman uit het Verenigd Koninkrijk, sloot zich aan bij een vrijmetselaarsloge om te netwerken. Hij klom snel op en verwierf rijkdom en aanzien. Maar hij kreeg ook angstaanjagende nachtmerries – mannen in mantels die hem opriepen, bloedige eden, duistere dieren die hem achtervolgden. Zijn dochter begon zichzelf te snijden, bewerend dat een "aanwezigheid" haar daartoe aanzette.

Op een nacht zag hij een man in zijn kamer – half mens, half jakhals – die tegen hem zei: *"Je bent van mij. De prijs is betaald."* Hij nam contact op met een bevrijdingswerk. Het duurde **zeven maanden van onthechting, vasten, braakrituelen en het verbreken van alle occulte banden** – voordat er vrede kwam.

Later ontdekte hij: **zijn grootvader was een 33e-graads vrijmetselaar. Hij had de erfenis alleen onbewust voortgezet.**

**Wereldwijd bereik**

- **Afrika** – Geheime genootschappen van stamhoofden, rechters en predikanten die bloedige eden zweren in ruil voor macht.
- **Europa** – Ridders van Malta, Illuminati-loges en elitaire esoterische universiteiten.
- **Noord-Amerika** – Vrijmetselaarsfundamenten in de meeste

stichtingsdocumenten, rechtbankstructuren en zelfs kerken.
- **Azië** – Verborgen drakencultussen, voorouderlijke orden en politieke groeperingen die hun wortels hebben in hybride vormen van boeddhisme en sjamanisme.
- **Latijns-Amerika** – Syncretische cultussen die katholieke heiligen vermengen met Luciferiaanse geesten zoals Santa Muerte of Baphomet.

**Actieplan — Ontsnappen aan Elite-altaren**

1. **Verwerp** elke betrokkenheid bij de Vrijmetselarij, Eastern Star, Jezuïeteneden, gnostische boeken of mystieke systemen — zelfs de 'academische' studie daarvan.
2. **Vernietig** regalia, ringen, speldjes, boeken, schorten, foto's en symbolen.
3. **Verbreek woordvloeken** – vooral doodseden en inwijdingsgeloften. Gebruik Jesaja 28:18 ("Uw verbond met de dood zal nietig worden verklaard...").
4. **Vast 3 dagen** terwijl u Ezechiël 8, Jesaja 47 en Openbaring 17 leest.
5. **Vervang het altaar** : wijd u opnieuw toe aan het altaar van Christus alleen (Romeinen 12:1-2). Avondmaal. Aanbidding. Zalving.

*Je kunt niet tegelijkertijd in de hemelse hoven en in de hoven van Lucifer zijn. Kies je altaar.*

**Groepsapplicatie**

- Breng in kaart welke eliteorganisaties er in jouw regio voorkomen en bid rechtstreeks tegen hun geestelijke invloed.
- Organiseer een sessie waarin leden vertrouwelijk kunnen bekennen of hun familieleden betrokken waren bij de Vrijmetselarij of vergelijkbare sekten.
- Breng olie en communie mee — leid een massale afzwering van eden, rituelen en zegels die in het geheim zijn afgelegd.
- Doorbreek de trots — herinner de groep eraan: **Geen toegang is je ziel waard.**

**Belangrijk inzicht**
Geheime genootschappen beloven licht. Maar alleen Jezus is het Licht van de Wereld. Elk ander altaar eist bloed – maar kan niet redden.

**Reflectiedagboek**

- Was er iemand in mijn bloedlijn betrokken bij geheime genootschappen of "orden"?
- Heb ik occulte boeken gelezen of in mijn bezit die vermomd zijn als academische teksten?
- Welke symbolen (pentagrammen, alziende ogen, zonnen, slangen, piramides) zitten verborgen in mijn kleding, kunst of sieraden?

**Gebed van verzaking**

**Vader, ik verwerp elk geheim genootschap, loge, eed, ritueel of altaar dat niet op Jezus Christus is gebaseerd. Ik verbreek de verbonden van mijn vaderen, mijn bloedlijn en mijn eigen mond. Ik verwerp de vrijmetselarij, kabbala, mystiek en elk verborgen pact voor macht. Ik vernietig elk symbool, elk zegel en elke leugen die licht beloofde maar slavernij opleverde. Jezus, ik troon U opnieuw als mijn enige Meester. Schijn Uw licht in elke geheime plaats. In Uw naam wandel ik vrij. Amen.**

# DAG 38: BAARMOEDERVERBONDEN EN WATERKONINKRIJKEN — WANNEER HET BESTEMMING VÓÓR DE GEBOORTE BESMET WORDT

"*De goddelozen zijn vervreemd van de moederschoot af; ze dwalen af zodra ze geboren zijn, en spreken leugens.*" — Psalm 58:3

"*Voordat Ik je in de moederschoot vormde, kende Ik je, voordat je geboren werd, heb Ik je afgezonderd...*" — Jeremia 1:5

Wat als de strijd die je voert niet begint met jouw keuzes, maar met jouw conceptie?

Hoe zou het zijn als jouw naam al op donkere plekken werd uitgesproken terwijl je nog in de baarmoeder zat?

Hoe zou het zijn als **je identiteit werd uitgewisseld**, je **lot werd verkocht** en je **ziel werd gemarkeerd**, nog voordat je je eerste adem had gehaald?

Dit is de realiteit van **onderwaterinitiatie**, **verbonden met zeegeesten** en **occulte beweringen over de baarmoeder** die **generaties verbinden**, vooral in streken met diepe voorouderlijke rituelen en kustrituelen.

**Het Waterkoninkrijk — Satans troon beneden**

In het onzichtbare rijk heerst Satan over **meer dan alleen de lucht**. Hij heerst ook over **de zeewereld** – een enorm demonisch netwerk van geesten, altaren en rituelen onder oceanen, rivieren en meren.

**Zeegeesten** (vaak *Mami Wata*, *Koningin van de Kust*, *geestenvrouwen/-echtgenoten*, etc. genoemd) zijn verantwoordelijk voor:

- Vroegtijdige dood
- Onvruchtbaarheid en miskramen
- Seksuele bondage en dromen
- Mentale kwelling

- Aandoeningen bij pasgeborenen
- Patronen van stijging en daling van de bedrijfsgroei

Maar hoe krijgen deze sterke dranken **juridische voet aan de grond** ?
**In de baarmoeder.**
**Ongeziene inwijdingen vóór de geboorte**

- **Voorouderlijke toewijding** – Een kind dat aan een godheid wordt "beloofd" als het gezond geboren wordt.
- **Occulte priesteressen** raken de baarmoeder aan tijdens de zwangerschap.
- **Verbondsnamen** die door familieleden zijn gegeven — onbewust ter ere van zeekoninginnen of -geesten.
- **Geboorterituelen** uitgevoerd met rivierwater, amuletten of kruiden uit heiligdommen.
- **Begrafenis** met navelstreng en bezweringen.
- **Zwangerschap in occulte omgevingen** (bijv. vrijmetselarijloges, new age-centra, polygame sekten).

Sommige kinderen worden al tot slaaf geboren. Daarom schreeuwen ze bij de geboorte zo heftig – hun geest voelt duisternis.
**Waargebeurd verhaal – "Mijn baby hoorde bij de rivier"**
Jessica, uit Sierra Leone, probeerde al vijf jaar zwanger te worden. Uiteindelijk raakte ze zwanger nadat een 'profeet' haar zeep had gegeven om mee te baden en olie om in haar baarmoeder te smeren. De baby werd sterk geboren, maar begon na drie maanden onophoudelijk te huilen, altijd 's nachts. Hij had een hekel aan water, schreeuwde tijdens het baden en trilde onbedaarlijk als hij in de buurt van de rivier werd gehouden.

Op een dag kreeg haar zoon stuiptrekkingen en stierf hij vier minuten lang. Hij kwam weer bij – en **begon na negen maanden voluit te spreken** : "Ik hoor hier niet thuis. Ik hoor bij de Koningin."

Doodsbang zocht Jessica verlossing. Het kind werd pas vrijgelaten na veertien dagen vasten en onthechtingsgebeden – haar man moest een familieidool, verborgen in zijn dorp, vernietigen voordat de kwelling stopte.

Baby's worden niet blanco geboren. Ze worden geboren in gevechten die we voor hen moeten voeren.

## GLOBALE PARALLELLEN

- **Afrika** – Rivieraltaren, Mami Wata- wijdingen, placentarituelen.
- **Azië** – Watergeesten die worden aangeroepen tijdens boeddhistische of animistische geboortes.
- **Europa** – Druïdische vroedvrouwenverbonden, voorouderlijke waterrituelen , vrijmetselaarswijdingen.
- **Latijns-Amerika** – Santeria-naamgeving, geesten van rivieren (bijv. Oshun), geboorte volgens astrologische kaarten.
- **Noord-Amerika** – New age-geboorterituelen, hypno-birthing met spirituele gidsen, 'zegeningsceremonies' door mediums.

### Tekenen van door de baarmoeder geïnitieerde gebondenheid

- Herhaalde miskraampatronen over generaties heen
- Nachtangst bij baby's en kinderen
- Onverklaarbare onvruchtbaarheid ondanks medische goedkeuring
- Constante waterdromen (oceanen, overstromingen, zwemmen, zeemeerminnen)
- Irrationele angst voor water of verdrinking
- Het gevoel hebben dat je 'geclaimd' wordt – alsof er vanaf je geboorte iets op je let

---

### Actieplan – Breek het baarmoederverbond

1. **Vraag de Heilige Geest** om te onthullen of u (of uw kind) bent ingewijd via baarmoederrituelen.
2. **Verwerp** alle afspraken die tijdens de zwangerschap zijn gemaakt, bewust of onbewust.
3. **Bid over het verhaal van je eigen bevalling** . Ook al is je moeder niet beschikbaar, spreek erover als de wettelijke, spirituele poortwachter

van je leven.
4. **Vast met Jesaja 49 en Psalm 139** – om jouw goddelijke blauwdruk terug te vinden.
5. **Als u zwanger bent** : zalf uw buik en spreek dagelijks over uw ongeboren kind:

*"Je bent apart gezet voor de Heer. Geen geest van water, bloed of duisternis zal je bezitten. Je behoort toe aan Jezus Christus – lichaam, ziel en geest."*

## Groepsapplicatie

- Vraag de deelnemers om op te schrijven wat ze weten over hun geboorteverhaal, inclusief rituelen, vroedvrouwen en gebeurtenissen die een naam hebben gekregen.
- Moedig ouders aan om hun kinderen opnieuw toe te wijden aan een 'Christus-Centered Naming & Covenant Service'.
- Leid gebeden waarbij de waterverbonden worden verbroken, gebruikmakend van *Jesaja 28:18*, *Kolossenzen 2:14* en *Openbaring 12:11*.

## Belangrijk inzicht

De baarmoeder is een poort – en wat erdoorheen gaat, komt vaak binnen met spirituele bagage. Maar geen baarmoederaltaar is groter dan het kruis.

## Reflectiedagboek

- Speelden voorwerpen, oliën, talismannen of namen een rol bij mijn conceptie of geboorte?
- Heb ik last van geestelijke aanvallen die al in mijn kindertijd begonnen?
- Heb ik onbewust de maritieme convenanten doorgegeven aan mijn kinderen?

## Gebed om bevrijding

Hemelse Vader, U kende mij al voordat ik gevormd werd. Vandaag verbreek ik elk verborgen verbond, elk waterritueel en elke demonische toewijding die bij of vóór mijn geboorte heeft plaatsgevonden. Ik verwerp elke bewering van zeegeesten, huisgeesten of generatie-baarmoederaltaren. Laat het bloed van Jezus mijn geboorteverhaal en het verhaal van mijn kinderen herschrijven. Ik ben geboren uit de Geest – niet uit wateraltaren. In Jezus' naam. Amen.

# DAG 39: WATER GEDOOPT IN SLACHTOFFERHEID — HOE ZUIGELINGEN, INITIALEN EN ONZICHTBARE VERBONDEN DEUREN OPENEN

"*Zij vergoten onschuldig bloed, het bloed van hun zonen en dochters, die zij aan de afgoden van Kanaän offerden, en het land werd door hun bloed ontheiligd."* — Psalm 106:38

*"Kan er buit worden genomen van krijgers, of gevangenen worden gered van de wreedaard?" Maar dit zegt de Heer: "Ja, gevangenen zullen worden genomen van krijgers, en buit zal worden teruggewonnen van de wreedaard..."* — Jesaja 49:24-25

Veel lotsbestemmingen zijn niet alleen **in de volwassenheid ontspoord**, ze zijn al **in de kindertijd gekaapt**.

Die schijnbaar onschuldige naamgevingsceremonie...

Die nonchalante duik in rivierwater "om het kind te zegenen"...

De munt in de hand... De snee onder de tong... De olie van een "spirituele grootmoeder"... Zelfs de initialen die bij de geboorte werden gegeven...

Ze lijken allemaal cultureel. Traditioneel. Ongevaarlijk.

Maar het koninkrijk van de duisternis **schuilt in de traditie**, en veel kinderen zijn **in het geheim ingewijd** voordat ze ooit 'Jezus' konden zeggen.

**Waargebeurd verhaal – "Ik kreeg mijn naam van de rivier"**

In Haïti groeide een jongen genaamd Malick op met een vreemde angst voor rivieren en stormen. Als peuter werd hij door zijn grootmoeder meegenomen naar een beek om 'aan de geesten voorgesteld te worden' voor bescherming. Hij begon stemmen te horen toen hij zeven was. Op zijn tiende kreeg hij 's nachts bezoek. Op zijn veertiende probeerde hij zelfmoord te plegen nadat hij een 'aanwezigheid' altijd bij zich voelde.

Tijdens een bevrijdingsbijeenkomst manifesteerden de demonen zich heftig en schreeuwden: "We zijn de rivier ingegaan! We zijn bij naam genoemd!" Zijn naam, " Malick ", maakte deel uit van een spirituele naamgevingstraditie om "de rivierkoningin te eren". Totdat hij in Christus werd hernoemd, bleef de kwelling voortduren. Hij dient nu in bevrijding onder jongeren die betrokken zijn bij voorouderlijke toewijdingen.

## Hoe het gebeurt - De verborgen vallen

1. **Initialen als verbonden**
   Sommige initialen, vooral die welke verbonden zijn met voorouderlijke namen, familiegoden of watergoden (bijv. "MM" = Mami/Marine; "OL" = Oya/Orisha-afstammingslijn), fungeren als demonische handtekeningen.

2. **Baby's duiken in rivieren/beken.**
   Dit wordt gedaan "ter bescherming" of "reiniging". Vaak zijn dit **dopen in zeegeesten** .

3. **Geheime naamgevingsceremonies**
   Waarbij een andere naam (die verschilt van de openbare naam) wordt gefluisterd of uitgesproken voor een altaar of altaar.

4. **Geboortevlekrituelen**
   Oliën, as of bloed worden op het voorhoofd of de ledematen aangebracht om een kind te 'markeren' voor geesten.

5. **Begrafenissen van navelstrengen met behulp van water**
   Navelstrengen worden in rivieren, beken gegooid of begraven met waterbezweringen, waardoor het kind aan wateraltaren wordt vastgebonden.

Als je ouders je niet met Christus hebben verbonden, is de kans groot dat iemand anders dat wel heeft gedaan.

## Wereldwijde occulte baarmoederbindingspraktijken

- **Afrika** – Baby's vernoemen naar riviergoden en touwen begraven bij zeealtaren.

- **Caribisch gebied/Latijns-Amerika** – Santeria-dooprituelen, Yoruba-stijl toewijdingen met kruiden en riviervoorwerpen.
- **Azië** – Hindoeïstische rituelen met Gangeswater, astrologisch berekende naamgeving gekoppeld aan elementaire geesten.
- **Europa** – Druïdische of esoterische naamgevingstradities die de wachters van het bos/water aanroepen.
- **Noord-Amerika** – Inheemse rituele toewijdingen, moderne Wicca-babyzegeningen, New Age-naamgevingsceremonies waarbij "oude gidsen" worden aangeroepen.

### Hoe weet ik dat?

- Onverklaarbare vroege kinderlijke kwellingen, ziektes of 'denkbeeldige vrienden'
- Dromen over rivieren, zeemeerminnen, achtervolgd worden door water
- Afkeer van kerken, maar fascinatie voor mystieke dingen
- Een diep gevoel van 'gevolgd' of bekeken worden vanaf de geboorte
- Het ontdekken van een tweede naam of een onbekende ceremonie die verband houdt met uw kindertijd

### Actieplan – Verlossing van de kindertijd

1. **Vraag de Heilige Geest**: Wat gebeurde er toen ik geboren werd? Welke geestelijke handen raakten mij aan?
2. **Verwerp alle verborgen toewijdingen**, zelfs als ze in onwetendheid zijn gedaan: "Ik verwerp elk verbond dat namens mij is gesloten en dat niet met de Heer Jezus Christus was."
3. **Verbreek de banden met voorouderlijke namen, initialen en tokens**.
4. **Gebruik Jesaja 49:24-26, Kolossenzen 2:14 en 2 Korintiërs 5:17** om uw identiteit in Christus te verkondigen.
5. Indien nodig, **houd dan een herinwijdingsceremonie**: presenteer uzelf (of uw kinderen) opnieuw aan God en noem nieuwe namen als

u daartoe wordt geleid.

## GROEPSAPPLICATIE

- Nodig deelnemers uit om onderzoek te doen naar het verhaal achter hun naam.
- Creëer een ruimte voor spirituele naamswijziging, indien daartoe aanleiding bestaat. Laat mensen namen als 'David', 'Esther' of door de geest geleide identiteiten claimen.
- Leid de groep in een symbolische *herdoop* van toewijding - niet onderdompeling in water, maar zalving en een op woorden gebaseerd verbond met Christus.
- Ouders verbreken hun verbonden over hun kinderen in gebed: "Jullie behoren toe aan Jezus – geen enkele geest, rivier of voorouderlijke band heeft enige wettelijke basis."

### Belangrijk inzicht

Je begin is belangrijk. Maar het hoeft niet je einde te bepalen. Elke rivierclaim kan gebroken worden door de rivier van Jezus' bloed.

### Reflectiedagboek

- Welke namen of initialen kreeg ik en wat betekenen ze?
- Zijn er bij mijn geboorte geheime of culturele rituelen uitgevoerd waar ik afstand van moet doen?
- Heb ik mijn leven – mijn lichaam, ziel, naam en identiteit – werkelijk aan de Heer Jezus Christus gewijd?

### Gebed om verlossing

**Vader God, ik kom voor U in de naam van Jezus. Ik verwerp elk verbond, elke toewijding en elk ritueel dat bij mijn geboorte is verricht. Ik verwerp elke naamgeving, waterinitiatie en voorouderlijke aanspraak. Of het nu door initialen, naamgeving of verborgen altaren gaat – ik annuleer**

elk demonisch recht op mijn leven. Ik verklaar nu dat ik volledig van U ben. Mijn naam staat geschreven in het Boek des Levens. Mijn verleden is bedekt met het bloed van Jezus en mijn identiteit is verzegeld door de Heilige Geest. Amen.

# DAG 40: VAN BEVRIJD TOT BEVRIJDER — UW PIJN IS UW BESTELLING

"*Maar het volk dat zijn God kent, zal sterk zijn en daden verrichten.*" — Daniël 11:32

"*Toen liet de Heer rechters opstaan, die hen uit de handen van deze plunderaars redden.*" — Rechters 2:16

Je bent niet geboren om stil in de kerk te zitten.

Je bent niet vrijgelaten om alleen maar te overleven. Je bent geboren **om anderen te bevrijden**.

Dezelfde Jezus die de bezetene in Marcus 5 genas, stuurde hem terug naar Dekapolis om het verhaal te vertellen. Geen seminarie. Geen priesterwijding. Alleen een **brandend getuigenis** en een mond die in vuur en vlam stond.

**Jij bent die man. Die vrouw. Die familie. Die natie.**

De pijn die je hebt doorstaan, is nu je wapen.

De kwelling waaraan je bent ontsnapt, is je trompet. Wat je in duisternis hield, wordt nu het **toneel van je heerschappij**.

**Waargebeurd verhaal – Van marinierbruid tot verlossingsprediker**

Rebecca, uit Kameroen, was een voormalige bruid van een zeegeest. Ze werd op achtjarige leeftijd ingewijd tijdens een naamgevingsceremonie aan de kust. Op haar zestiende had ze seks in dromen, beheerste ze mannen met haar ogen en had ze door middel van tovenarij meerdere echtscheidingen veroorzaakt. Ze stond bekend als "de mooie vloek".

Toen ze op de universiteit met het evangelie in aanraking kwam, werden haar demonen wild. Het duurde zes maanden van vasten, bevrijding en diepgaand discipelschap voordat ze vrij was.

Tegenwoordig organiseert ze bevrijdingsconferenties voor vrouwen in heel Afrika. Duizenden zijn dankzij haar gehoorzaamheid bevrijd.

Wat zou er gebeurd zijn als ze gezwegen had?

### Apostolische Opkomst — Wereldwijde Bevrijders Worden Geboren

- **In Afrika** stichten voormalige medicijnmannen nu kerken.
- **In Azië** prediken ex-boeddhisten Christus in geheime huizen.
- **In Latijns-Amerika** breken voormalige Santeria-priesters nu altaren kapot.
- **In Europa** leiden ex-occultisten online bijbelstudies.
- **In Noord-Amerika** organiseren overlevenden van New Age-misleidingen wekelijks Zoom-gesprekken om mensen te bevrijden.

Zij zijn **de onwaarschijnlijken**, de gebrokenen, de voormalige slaven van de duisternis die nu in het licht marcheren - en **jij bent een van hen**.

### Definitief actieplan – Stap in uw gesprek

1. **Schrijf je getuigenis** – ook al vind je het niet dramatisch. Iemand heeft jouw vrijheidsverhaal nodig.
2. **Begin klein** : bid voor een vriend. Organiseer een Bijbelstudie. Deel je bevrijdingsproces.
3. **Blijf leren** — Bevrijders blijven in het Woord, blijven berouwvol en blijven scherp.
4. **Bedek uw gezin** — Verklaar dagelijks dat de duisternis stopt bij u en uw kinderen.
5. **Verklaar spirituele oorlogsgebieden** – je werkplek, je huis, je straat. Wees de poortwachter.

### Groepsinbedrijfstelling

Vandaag is het niet zomaar een devotie — het is een **inwijdingsceremonie**

- Zalf elkaars hoofd met olie en zeg:

*"U bent bevrijd om te bevrijden. Sta op, Rechter van God."*

- Verklaar hardop als groep:

*"We zijn geen overlevenden meer. We zijn krijgers. We dragen licht, en de duisternis beeft."*

- Stel gebedskoppels of verantwoordingspartners aan om te blijven groeien in moed en impact.

**Belangrijk inzicht**
De grootste wraak tegen het koninkrijk van de duisternis is niet alleen vrijheid.
Het is vermenigvuldiging.

**Laatste reflectiedagboek**

- Wat was het moment waarop ik wist dat ik van de duisternis naar het licht was gegaan?
- Wie moet mijn verhaal horen?
- Waar kan ik deze week bewust licht laten schijnen?
- Ben ik bereid om bespot, verkeerd begrepen en tegengewerkt te worden, alleen maar om anderen te bevrijden?

**Gebed van opdracht**
Vader God, ik dank U voor 40 dagen van vuur, vrijheid en waarheid. U hebt me niet gered om me alleen maar te beschermen – U hebt me bevrijd om anderen te bevrijden. Vandaag ontvang ik deze mantel. Mijn getuigenis is een zwaard. Mijn littekens zijn wapens. Mijn gebeden zijn hamers. Mijn gehoorzaamheid is aanbidding. Ik wandel nu in de naam van Jezus – als een vuurstarter, een bevrijder, een lichtdrager. Ik ben van U. De duisternis heeft geen plaats in mij en geen plaats om mij heen. Ik neem mijn plaats in. In Jezus' naam. Amen.

# 360° DAGELIJKSE VERKLARING VAN BEVRIJDING & HEERSCHAPPIJ – Deel 1

"*Geen enkel wapen dat tegen u gesmeed wordt, zal succes hebben, en elke tong die zich in het gericht tegen u verheft, zult u veroordelen. Dit is het erfdeel van de dienaren van de Heer...*" — Jesaja 54:17

**Vandaag en elke dag neem ik mijn volledige positie in Christus in – met geest, ziel en lichaam.**

Ik sluit elke deur – bekend en onbekend – naar het koninkrijk van de duisternis.

Ik verbreek alle contact, contracten, verbonden en gemeenschap met kwade altaren, voorouderlijke geesten, geesten-echtgenoten, occulte genootschappen, hekserij en demonische allianties – door het bloed van Jezus!

Ik verklaar dat ik niet te koop ben. Ik ben niet toegankelijk. Ik ben niet rekruteerbaar. Ik word niet heringewijd.

Elke satanische terugroepactie, spirituele bewaking of kwaadaardige oproep – wordt verdreven door vuur, in de naam van Jezus!

Ik verbind mij aan de geest van Christus, de wil van de Vader en de stem van de Heilige Geest.

Ik wandel in licht, in waarheid, in kracht, in zuiverheid en in doel.

Ik heb elk derde oog, elke psychische poort en elk onheilig portaal gesloten dat is geopend door dromen, trauma, seks, rituelen, media of valse leringen.

Laat het vuur van God elke illegale afzetting in mijn ziel verteren, in Jezus' naam.

Ik spreek tot de lucht, het land, de zee, de sterren en de hemelen – u zult mij niet tegenwerken.

Elk verborgen altaar, elke agent, elke toeschouwer of fluisterende demon die tegen mijn leven, familie, roeping of territorium is gericht – word ontwapend en tot zwijgen gebracht door het bloed van Jezus!

Ik dompel mijn geest onder in het Woord van God.

Ik verklaar dat mijn dromen geheiligd zijn. Mijn gedachten zijn beschermd. Mijn slaap is heilig. Mijn lichaam is een tempel van vuur.

Vanaf dit moment wandel ik in 360-graden bevrijding – niets verborgen, niets gemist.

Elke aanhoudende slavernij breekt. Elk generatiejuk verbrijzelt. Elke onbeleden zonde wordt blootgelegd en gereinigd.

Ik verklaar:

- **De duisternis heeft geen macht over mij.**
- **Mijn huis is een brandgebied.**
- **Mijn poorten zijn verzegeld met glorie.**
- **Ik leef in gehoorzaamheid en wandel in kracht.**

Ik sta op als een bevrijder voor mijn generatie.

Ik zal niet omkijken. Ik zal niet teruggaan. Ik ben licht. Ik ben vuur. Ik ben vrij. In Jezus' machtige naam. Amen!

# 360° DAGELIJKSE VERKLARING VAN BEVRIJDING & HEERSCHAPPIJ – Deel 2

Bescherming tegen hekserij, tovenarij, necromancers, mediums en demonische kanalen

**Bevrijding** voor uzelf en anderen die onder hun invloed of slavernij staan

**Reiniging en bedekking** door het bloed van Jezus

**Herstel van de gezondheid, identiteit en vrijheid** in Christus

**Bescherming en vrijheid van hekserij, mediums, necromancers en geestelijke slavernij**

(door het bloed van Jezus en het woord van ons getuigenis)

"En zij hebben hem overwonnen door het bloed van het Lam en door het woord van hun getuigenis..."

— *Openbaring 12:11*

"De Heer ... verijdelt de tekenen van valse profeten en maakt waarzeggers belachelijk ... bevestigt het woord van zijn dienaar en vervult de raad van zijn boodschappers."

— *Jesaja 44:25–26*

"De Geest van de Heer is op mij... om aan de gevangenen vrijlating te verkondigen en aan de gebondenen bevrijding..."

— *Lucas 4:18*

**OPENINGSGEBED:**

Vader God, ik kom vandaag vrijmoedig door het bloed van Jezus. Ik erken de kracht in Uw naam en verklaar dat U alleen mijn bevrijder en beschermer bent. Ik sta als Uw dienaar en getuige, en ik verkondig Uw Woord vandaag met vrijmoedigheid en gezag.

**VERKLARINGEN VAN BESCHERMING EN BEVRIJDING**

1. **Bevrijding van hekserij, mediums, necromancers en spirituele invloeden:**

- Ik **verbreek en verwerp** elke vloek, spreuk, waarzeggerij, betovering, manipulatie, monitoring, astrale projectie of zielsband - uitgesproken of uitgevoerd - door hekserij, necromantie, mediums of spirituele kanalen.
- Ik **verklaar** dat het **bloed van Jezus** is tegen elke onreine geest die mij of mijn familie wil binden, afleiden, misleiden of manipuleren.
- Ik beveel dat **alle geestelijke inmenging, bezetenheid, onderdrukking of zielsgebondenheid** nu verbroken moet worden door de autoriteit in de naam van Jezus Christus.
- Ik spreek **bevrijding uit voor mezelf en voor iedereen die bewust of onbewust onder invloed is van hekserij of vals licht**. Kom er nu uit! Wees vrij, in Jezus' naam!
- Ik roep het vuur van God aan om **elk geestelijk juk, elk satanisch contract en elk altaar** dat in de geest is opgericht om ons lot te onderwerpen of te verstrikken, te verbranden.

"Er is geen bezwering tegen Jakob, geen waarzeggerij tegen Israël." — *Numeri 23:23*

2. **Reiniging en bescherming van uzelf, kinderen en gezin:**

- Ik smeek het bloed van Jezus af voor mijn **gedachten, ziel, geest, lichaam, emoties, familie, kinderen en werk**.
- Ik verklaar: Ik en mijn huis zijn **verzegeld door de Heilige Geest en met Christus verborgen in God**.
- Geen enkel wapen dat tegen ons gesmeed wordt, zal slagen. Elke tong die kwaad tegen ons spreekt, wordt **veroordeeld en het zwijgen opgelegd** in Jezus' naam.
- Ik verwerp en verdrijf elke **geest van angst, kwelling, verwarring, verleiding en controle**.

"Ik ben de HEER, die de tekenen van de leugenaars tenietdoet..." — *Jesaja 44:25*

### 3. Herstel van identiteit, doel en gezonde geest:

- Ik eis elk deel van mijn ziel en identiteit terug dat is **verhandeld, gevangen of gestolen** door bedrog of spirituele compromissen.
- Ik verklaar: ik heb de **gezindheid van Christus** en ik wandel in helderheid, wijsheid en autoriteit.
- Ik verklaar: Ik ben **bevrijd van elke generatievloek en huiselijke toverij**, en ik wandel in het verbond met de Heer.

"God heeft mij niet een geest van vrees gegeven, maar van kracht, liefde en bezonnenheid." — *2 Timoteüs 1:7*

### 4. Dagelijkse bedekking en overwinning in Christus:

- Ik verklaar: Vandaag wandel ik in goddelijke **bescherming, onderscheidingsvermogen en vrede**.
- Het bloed van Jezus brengt mij **betere dingen : bescherming, genezing, autoriteit en vrijheid.**
- Elke kwade opdracht die voor deze dag is gegeven, is tenietgedaan. Ik wandel in overwinning en triomf in Christus Jezus.

"Al vallen er duizend aan mijn zijde en tienduizend aan mijn rechterhand, het zal mij niet bereiken..." — *Psalm 91:7*

### EINDVERKLARING EN GETUIGENIS:

"Ik overwin elke vorm van duisternis, hekserij, necromantie, tovenarij, psychische manipulatie, zielsmanipulatie en kwade geestelijke overdracht – niet door mijn eigen kracht, maar **door het bloed van Jezus en het Woord van mijn getuigenis**."

Ik verklaar: **ik ben bevrijd. Mijn huisgezin is bevrijd.** Elk verborgen juk is gebroken. Elke valstrik is blootgelegd. Elk vals licht is gedoofd. Ik wandel in vrijheid. Ik wandel in waarheid. Ik wandel in de kracht van de Heilige Geest.

"De Heer bevestigt het woord van Zijn dienaar en voert de raad van Zijn boodschapper uit. Zo zal het vandaag en elke dag van nu zijn."

In de machtige naam van Jezus, **Amen.**

**SCHRIFTVERWIJZINGEN:**

- Jesaja 44:24–26
- Openbaring 12:11
- Jesaja 54:17
- Psalm 91
- Numeri 23:23
- Lucas 4:18
- Efeziërs 6:10–18
- Kolossenzen 3:3
- 2 Timoteüs 1:7

# 360° DAGELIJKSE VERKLARING VAN BEVRIJDING & HEERSCHAPPIJ - Deel 3

"*De Heer is een krijgsman; Heer is zijn naam.*" — Exodus 15:3
"*En zij hebben hem overwonnen door het bloed van het Lam en door het woord van hun getuigenis...*" — Openbaring 12:11

Vandaag sta ik op en neem ik mijn plaats in Christus in — gezeten in de hemelse gewesten, ver boven alle machten, machten, tronen, heerschappijen en elke naam die genoemd wordt.

### Ik doe afstand

Ik verwerp elk bekend en onbekend verbond, elke eed of inwijding:

- Vrijmetselarij (1e tot 33e graad)
- Kabbala en Joodse mystiek
- Oostelijke Ster en Rozenkruisers
- Jezuïetenordes en Illuminati
- Satanische broederschappen en Luciferiaanse sekten
- Zeegeesten en onderzeese verbonden
- Kundalini-slangen, chakra-uitlijningen en activering van het derde oog
- New Age-bedrog, Reiki, christelijke yoga en astrale reizen
- Hekserij, tovenarij, necromantie en astrale contracten
- Occulte zielsbanden door seks, rituelen en geheime pacten
- Vrijmetselaarseden over mijn bloedlijn en voorouderlijke priesterschappen

Ik verbreek elke geestelijke navelstreng om:

- Oude bloedaltaren
- Vals profetisch vuur

- Spirituele partners en droomindringers
- Heilige geometrie, lichtcodes en universele wetsleer
- Valse christussen, waarzeggers en valse heilige geesten

Laat het bloed van Jezus voor mij spreken. Laat elk contract verscheurd worden. Laat elk altaar verbrijzeld worden. Laat elke demonische identiteit uitgewist worden – nu!

**Ik verklaar**
Ik verklaar:

- Mijn lichaam is een levende tempel van de Heilige Geest.
- Mijn geest wordt bewaakt door de helm van de verlossing.
- Mijn ziel wordt dagelijks geheiligd door de wassing met het Woord.
- Mijn bloed wordt gereinigd door Golgotha.
- Mijn dromen zijn verzegeld in licht.
- Mijn naam staat geschreven in het Boek des Levens van het Lam — niet in een occult register, loge, logboek, rol of zegel!

**Ik beveel**
Ik beveel:

- Elke agent van de duisternis — toeschouwers, monitoren, astrale projectoren — moet verblind en verspreid worden.
- Elke verbinding met de onderwereld, de zeewereld en het astrale vlak moet verbroken worden!
- Elk donker merkteken, implantaat, rituele wond of spiritueel brandmerk – wordt door vuur gezuiverd!
- Elke bekende geest die leugens fluistert — wees nu het zwijgen opgelegd!

**Ik scheid me af**
Ik neem afstand van:

- Alle demonische tijdlijnen, zielengevangenissen en geestenkooien
- Alle ranglijsten en graden van geheime genootschappen

- Alle valse mantels, tronen of kronen die ik heb gedragen
- Elke identiteit die niet door God is geschapen
- Elke alliantie, vriendschap of relatie die wordt versterkt door duistere systemen

**Ik vestig**
Ik stel vast:

- Een firewall van glorie om mij en mijn huishouden heen
- Heilige engelen bij elke poort, portaal, raam en pad
- Zuiverheid in mijn media, muziek, herinneringen en geest
- Waarheid in mijn vriendschappen, bediening, huwelijk en missie
- Ononderbroken gemeenschap met de Heilige Geest

**Ik dien in**
Ik onderwerp mij geheel aan Jezus Christus,
het Lam dat geslacht werd, de Koning die regeert, de Leeuw die brult.
**Ik kies voor het licht. Ik kies voor de waarheid. Ik kies voor gehoorzaamheid.**
Ik behoor niet tot de duistere koninkrijken van deze wereld.
Ik behoor tot het Koninkrijk van onze God en van Zijn Christus.
**IK WAARSCHUW DE VIJAND**
Met deze verklaring geef ik kennis aan:

- Elk hooggeplaatst vorstendom
- Elke heersende geest over steden, bloedlijnen en naties
- Elke astrale reiziger, heks, tovenaar of gevallen ster...

Ik ben onaantastbaar bezit.
Mijn naam is niet te vinden in jullie archieven. Mijn ziel is niet te koop. Mijn dromen staan onder bevel. Mijn lichaam is niet jullie tempel. Mijn toekomst is niet jullie speeltuin. Ik zal niet terugkeren naar slavernij. Ik zal geen voorouderlijke cycli herhalen. Ik zal geen vreemd vuur dragen. Ik zal geen rustplaats zijn voor slangen.

**IK VERZEGEL**

Ik bezegel deze verklaring met:

- Het bloed van Jezus
- Het vuur van de Heilige Geest
- Het gezag van het Woord
- De eenheid van het Lichaam van Christus
- Het geluid van mijn getuigenis

**In Jezus' naam, Amen en Amen**

# CONCLUSIE: VAN OVERLEVEN NAAR ZOONSCHAP — VRIJ BLIJVEN, VRIJ LEVEN, ANDEREN BEVRIJDEN

*"Sta daarom vast in de vrijheid waarmee Christus ons heeft vrijgemaakt, en laat u niet opnieuw onder een juk van slavernij brengen."* — Galaten 5:1
*"Hij heeft hen uit de duisternis en de schaduw des doods gebracht en hun ketenen verbroken."* — Psalm 107:14

Deze 40 dagen gingen niet alleen over kennis. Ze gingen over **oorlogvoering**, **ontwaken** en **wandelen in heerschappij**.

Je hebt gezien hoe het duistere koninkrijk te werk gaat – subtiel, generatiegewijs, soms openlijk. Je bent door voorouderlijke poorten, droomrijken, occulte pacten, wereldwijde rituelen en spirituele kwelling gereisd. Je bent getuigenissen van onvoorstelbare pijn tegengekomen – maar ook van **radicale verlossing**. Je hebt altaren gebroken, leugens afgezworen en dingen onder ogen gezien die veel kansels te bang zijn om te benoemen.

**MAAR DIT IS NIET HET EINDE.**

Nu begint de echte reis: **je vrijheid behouden. Leven in de Geest. Anderen de uitweg leren.**

Het is gemakkelijk om 40 dagen vuur te doorstaan en terug te keren naar Egypte. Het is gemakkelijk om altaren af te breken en ze vervolgens weer op te bouwen uit eenzaamheid, lust of spirituele vermoeidheid.

Niet doen.

Je bent niet langer een **slaaf van de cycli**. Je bent een **wachter** op de muur. Een **poortwachter** voor je familie. Een **strijder** voor je stad. Een **stem** voor de naties.

## 7 LAATSTE AANKLACHTEN VOOR DEGENEN DIE IN HEERSCHAPPIJ WILLEN WANDELEN

1. **Bewaak je poorten.**
   Open geestelijke deuren niet opnieuw door compromissen, rebellie, relaties of nieuwsgierigheid.
   *"Geef de duivel geen plaats."* — Efeziërs 4:27
2. **Beheers je eetlust.**
   Vasten zou deel moeten uitmaken van je maandelijkse ritme. Het brengt de ziel weer in balans en houdt je vlees onder controle.
3. **Zet je in voor zuiverheid:**
   emotioneel, seksueel, verbaal, visueel. Onzuiverheid is de belangrijkste poort die demonen gebruiken om terug naar binnen te kruipen.
4. **Beheers het Woord.**
   Schrift is niet optioneel. Het is je zwaard, schild en dagelijks brood.
   *"Laat het woord van Christus rijkelijk in u wonen..."* (Kol. 3:16)
5. **Vind je stam.**
   Bevrijding is nooit bedoeld om alleen te beleven. Bouw, dien en genees in een gemeenschap vol Geest.
6. **Omarm lijden.**
   Ja, lijden. Niet alle kwelling is demonisch. Sommige kwellingen zijn heiligend. Doorsta ze. De heerlijkheid ligt in het verschiet.
   *"Na een korte tijd van lijden... zal Hij u sterken, grondvesten en bevestigen."* — 1 Petrus 5:10
7. **Onderwijs anderen**
   . Je hebt het ontvangen, geef het nu ook. Help anderen om vrij te worden. Begin bij jezelf, je kring, je kerk.

## VAN OVERGELEVERD TOT DISCIPEL

Deze overdenking is een wereldwijde oproep — niet alleen voor genezing, maar ook voor de opkomst van een leger.

Het is **tijd voor herders** die oorlog kunnen ruiken.

Het is **tijd voor profeten** die niet terugdeinzen voor slangen.

Het is **tijd voor moeders en vaders** die generatiepacten verbreken en altaren van waarheid bouwen.

Het is **tijd dat naties** gewaarschuwd worden en dat de Kerk niet langer zwijgt.

## JIJ BENT HET VERSCHIL

Waar je vanaf hier naartoe gaat, is van belang. Wat je meedraagt, is van belang. De duisternis waaruit je bent getrokken, is het gebied waar je nu zeggenschap over hebt.

Bevrijding was je geboorterecht. Heerschappij is je mantel.

Loop er nu in.

## LAATSTE GEBED

Heer Jezus, dank U dat U deze 40 dagen met mij meeloopt. Dank U dat U de duisternis blootlegt, de ketenen verbreekt en mij naar een hogere plaats roept. Ik weiger terug te gaan. Ik verbreek elke overeenkomst met angst, twijfel en mislukking. Ik ontvang mijn koninkrijksopdracht met vrijmoedigheid. Gebruik mij om anderen te bevrijden. Vul mij dagelijks met de Heilige Geest. Laat mijn leven een wapen van licht worden – in mijn gezin, in mijn land, in het Lichaam van Christus. Ik zal niet zwijgen. Ik zal niet verslagen worden. Ik zal niet opgeven. Ik loop van de duisternis naar de heerschappij. Voor altijd. In Jezus' naam. Amen.

# Hoe je wedergeboren kunt worden en een nieuw leven met Christus kunt beginnen

Misschien heb je al eerder met Jezus gewandeld, of misschien heb je Hem pas in deze 40 dagen ontmoet. Maar op dit moment roert er iets in je.

Je bent klaar voor meer dan religie.

Je bent klaar voor **een relatie**.

Je bent klaar om te zeggen: "Jezus, ik heb U nodig."

Dit is de waarheid:

*"Want iedereen heeft gezondigd, wij allen ontberen de hoogte van Gods heerlijkheid... Toch maakt God ons in zijn genade vrijelijk rechtvaardig voor hem."*

— Romeinen 3:23-24 (NBV)

Je kunt verlossing niet verdienen.

Je kunt jezelf niet genezen. Maar Jezus heeft de volle prijs al betaald – en Hij staat klaar om je thuis te verwelkomen.

## Hoe word je wedergeboren?

WEDERGEBOREN WORDEN betekent dat u uw leven aan Jezus overgeeft. U aanvaardt Zijn vergeving, gelooft dat Hij gestorven en weer opgestaan is, en u ontvangt Hem als uw Heer en Redder.

Het is eenvoudig. Het is krachtig. Het verandert alles.

## Bid dit hardop:

**HEER JEZUS, IK GELOOF dat U de Zoon van God bent.**
  **Ik geloof dat U voor mijn zonden bent gestorven en bent opgestaan.**
  **Ik belijd dat ik gezondigd heb en dat ik Uw vergeving nodig heb.**
  **Vandaag bekeer ik mij en keer ik mij af van mijn oude wegen.**
  **Ik nodig U uit in mijn leven om mijn Heer en Redder te zijn.**
  **Was mij schoon. Vul mij met Uw Geest.**

Ik verklaar dat ik wedergeboren, vergeven en vrij ben.
Vanaf vandaag zal ik U volgen –
en in Uw voetsporen leven.
Dank U dat U mij gered hebt. In Jezus' naam, amen.

# Volgende stappen na de redding

1. **Vertel het iemand** – Deel uw besluit met iemand die u vertrouwt.
2. **Vind een Bijbelse kerk** – Sluit je aan bij een gemeenschap die Gods Woord onderwijst en ernaar leeft. Bezoek God's Eagle ministries online via https://www.otakada.org [1] of https://chat.whatsapp.com/H67spSun32DDTma8TLh0ov
3. **Laat u dopen** – Zet de volgende stap door publiekelijk uw geloof te belijden.
4. **Lees de Bijbel dagelijks**. Begin met het Evangelie van Johannes.
5. **Bid elke dag** – Praat met God als een vriend en Vader.
6. **Blijf verbonden** – Omring jezelf met mensen die jouw nieuwe wandelroute aanmoedigen.
7. **Start een discipelschapsproces binnen de gemeenschap** – Ontwikkel een één-op-één relatie met Jezus Christus via deze links

40-dagen discipelschap 1 - https://www.otakada.org/krijg-gratis-40-dagen-online-discipelschapscursus-in-een-reis-met-Jezus/ [2]

40 Discipelschap 2 - https://www.otakada.org/krijg-gratis-40-dagen-dna-van-discipelschapsreis-met-Jezus-serie-2/ [3]

---

1. https://www.otakada.org

2. https://www.otakada.org/get-free-40-days-online-discipleship-course-in-a-journey-with-jesus/

3. https://www.otakada.org/get-free-40-days-dna-of-discipleship-journey-with-jesus-series-2/

# Mijn reddingsmoment

D<sup>atum :</sup> _____
   Handtekening : _____

*"Als iemand in Christus is, is hij een nieuwe schepping; het oude is voorbijgegaan, het nieuwe is gekomen!"*
— 2 Korintiërs 5:17

# Certificaat van nieuw leven in Christus

**Verlossingsverklaring – Wedergeboren door genade**

D it bevestigt dat

_____

*(VOLLEDIGE NAAM)*
    heeft openlijk **zijn geloof in Jezus Christus**
als Heer en Redder beleden en heeft het geschenk van verlossing door Zijn dood en opstanding ontvangen.
    *"Als u openlijk belijdt dat Jezus Heer is en met heel uw hart gelooft dat God Hem uit de dood heeft opgewekt, zult u gered worden."*
    — Romeinen 10:9 (NBV)
    Op deze dag verheugt de hemel zich en begint een nieuwe reis.

**Datum van beslissing :** _____

**Handtekening :** _____

## Verlossingsverklaring

VANDAAG GEEF IK MIJN leven over aan Jezus Christus.
    Ik geloof dat Hij voor mijn zonden is gestorven en is opgestaan. Ik aanvaard Hem als mijn Heer en Redder. Ik ben vergeven, wedergeboren en nieuw gemaakt. Vanaf nu zal ik in Zijn voetsporen treden.

## Welkom bij de Familie van God!

JE NAAM STAAT GESCHREVEN in het boek des levens van het Lam.
    Je verhaal is nog maar net begonnen – en het is eeuwig.

# Maak contact met Gods Eagle Ministries

- Website: www.otakada.org[1]
- Rijkdom voorbij zorgen-serie: www.wealthbeyondworryseries.com[2]
- E-mailadres: ambassador@otakada.org

- **Steun dit werk:**

Steun koninkrijksprojecten, missies en gratis wereldwijde hulpbronnen door middel van giften op basis van het verbond.
**Scan de QR-code om te doneren**
https://tithe.ly/give?c=308311
Uw vrijgevigheid helpt ons meer zielen te bereiken, bronnen te vertalen, zendelingen te ondersteunen en wereldwijd discipelschapssystemen op te bouwen. Dank u wel!

---

1. https://www.otakada.org
2. https://www.wealthbeyondworryseries.com

**3. WORD LID VAN ONZE WhatsApp Covenant-community**

Ontvang updates, devotionele inhoud en maak contact met verbondsgezinde gelovigen over de hele wereld.

**Scan om deel te nemen**

https://chat.whatsapp.com/H67spSun32DDTma8TLh0ov

# AANBEVOLEN BOEKEN EN HULPMIDDELEN

- *Verlost van de macht van de duisternis* (**Paperback**) — Koop hier [1] | E-book [2] op Amazon [3]

- **Toprecensies uit de Verenigde Staten:**
    - **Kindle-klant** : "Het beste christelijke boek ooit!" (5 sterren)

---

1. https://shop.ingramspark.com/b/084?params=oeYbAkVTC5ao8PfdVdzwko7wi6IQimgJY2779NaqG4e
2. https://www.amazon.com/Delivered-Power-Darkness-AFRICAN-DELIVERED-ebook/dp/B0CC5MM4MV
3. https://www.amazon.com/Delivered-Power-Darkness-AFRICAN-DELIVERED-ebook/dp/B0CC5MM4MV

PRIJS JEZUS VOOR DIT getuigenis. Ik ben zo gezegend en zou iedereen aanraden dit boek te lezen... Want het loon van de zonde is de dood, maar de gave van God is het eeuwige leven. Shalom! Shalom!

- **Da Gster** : "Dit is een heel interessant en nogal vreemd boek." (5 sterren)

Als het waar is wat er in het boek staat, dan lopen we echt enorm achter op wat de vijand kan doen! ... Een must voor iedereen die meer wil weten over geestelijke strijd.

- **Visa** : "Ik hou van dit boek" (5 sterren)

Dit is een eyeopener... een ware bekentenis... Ik heb er de laatste tijd overal naar gezocht om het te kopen. Ik ben zo blij dat ik het via Amazon heb gekocht.

- **FrankJM** : "Heel anders" (4 sterren)

Dit boek herinnert me eraan hoe echt geestelijke strijd is. Het doet me ook denken aan de reden om de "volledige wapenrusting van God" aan te trekken.

- **JenJen** : "Iedereen die naar de hemel wil, lees dit!" (5 sterren)

Dit boek heeft mijn leven enorm veranderd. Samen met het getuigenis van John Ramirez zal het je anders naar je geloof laten kijken. Ik heb het zes keer gelezen!

- *Ex-Satanist: The James Exchange* (Paperback) — Koop hier [4] | E-book [5] op Amazon [6]

---

[4] https://shop.ingramspark.com/b/084?params=I2HNGtbqJRbal8OxU3RMTApQsLLxcUCTC8zUdzDy0W1

[5] https://www.amazon.com/JAMESES-Exchange-Testimony-High-Ranking-Encounters-ebook/dp/B0DJP14JLH

[6] https://www.amazon.com/JAMESES-Exchange-Testimony-High-Ranking-Encounters-ebook/dp/B0DJP14JLH

- ***GETUIGENIS VAN EEN AFRIKAANSE EX-SATANIST** - Pastor JONAS LUKUNTU MPALA* (Paperback) — Koop hier [7]| E-book [8]op Amazon[9]

- *Greater Exploits 14* (Paperback) — Koop hier [10]| E-book [11]op Amazon[12]

---

7. https://shop.ingramspark.com/b/ 084?params=0Aj9Sze4cYoLM5OqWrD20kgknXQQqO5AZYXcWtoMqWN
8. https://www.amazon.com/TESTIMONY-African-EX-SATANIST-Pastor-Jonas-ebook/dp/ B0DJDLFKNR
9. https://www.amazon.com/TESTIMONY-African-EX-SATANIST-Pastor-Jonas-ebook/dp/ B0DJDLFKNR
10. https://shop.ingramspark.com/b/084?params=772LXinQn9nCWcgq572PDsqPjkTJmpgSqrp88b0qzKb
11. https://www.amazon.com/Greater-Exploits-MYSTERIOUS-Strategies-Countermeasures-ebook/dp/ B0CGHYPZ8V
12. https://www.amazon.com/Greater-Exploits-MYSTERIOUS-Strategies-Countermeasures-ebook/dp/ B0CGHYPZ8V

- *Uit de duivelsketel* van John Ramirez — Verkrijgbaar op Amazon[13]
- *Hij kwam om de gevangenen te bevrijden* door Rebecca Brown — Vind op Amazon[14]

**Andere boeken gepubliceerd door de auteur – Meer dan 500 titels Geliefd, Uitverkoren en Heel** : Een 30-daagse reis van Afwijzing naar **Herstel** vertaald in 40 talen van de wereld

https://www.amazon.com/Loved-Chosen-Whole-Rejection-Restoration-ebook/dp/B0F9VSD8WL
https://shop.ingramspark.com/b/084?params=xga0WR16muFUwCoeMUBHQ6HwYjddLGpugQHb3DVa5hE

---

13. https://www.amazon.com/Out-Devils-Cauldron-John-Ramirez/dp/0985604306
14. https://www.amazon.com/He-Came-Set-Captives-Free/dp/0883683239

**In Zijn Voetsporen — Een 40-daagse WWJD-uitdaging:
Leven zoals Jezus in waargebeurde verhalen over de hele wereld**
https://www.amazon.com/His-Steps-Challenge-Real-Life-Stories-ebook/dp/B0FCYTL5MG
https://shop.ingramspark.com/b/084?params=DuNTWS59IbkvSKtGFbCbEFdv3Zg0FaITUEvlK49yLzB

## JEZUS AAN DE DEUR:
### 40 hartverscheurende verhalen en de laatste waarschuwing van de hemel aan de kerken van vandaag

https://www.amazon.com/dp/B0FDX31L9F

https://shop.ingramspark.com/b/084?params=TpdA5j8WPvw83glJ12N1B3nf8LQte2a1lIEy32bHcGg

VERBONDENLEVEN: 40 dagen wandelen in de zegen van Deuteronomium 28

- https://www.amazon.com/dp/B0FFJCLDB5

Verhalen van echte mensen, echte gehoorzaamheid en echte
https://shop.ingramspark.com/b/084?params=bH3pzfz1zdCOLpbs7tZYJNYgGcYfU32VMz3J3a4e2Qt

Transformatie in meer dan 20 talen

## HAAR KENNEN EN HEM KENNEN:
40 dagen naar genezing, begrip en blijvende liefde

HTTPS://WWW.AMAZON.com/KENNIS-HAAR-HEM-Healing-Understanding-ebook/dp/B0FGC4V3D9[15]

https://shop.ingramspark.com/b/084?params=vC6KCLoI7Nnum24BVmBtSme9i6k59p3oynaZOY4B9Rd

## VOLLEDIG, NIET CONCURREREND:
Een reis van 40 dagen naar doel, eenheid en samenwerking

---

15. https://www.amazon.com/KNOWING-HER-HIM-Healing-Understanding-ebook/dp/B0FGC4V3D9

HTTPS://SHOP.INGRAMSPARK.com/b/
084?params=5E4v1tHgeTqOOuEtfTYUzZDzLyXLee30cqYo0Ov9941[16]
 https://www.amazon.com/COMPLETE-NOT-COMPETE-Journey-Collaboration-ebook/dp/B0FGGL1XSQ/

GODDELIJKE GEZONDHEIDSCODE - 40 Dagelijkse sleutels om genezing te activeren door Gods Woord en de schepping. Ontgrendel de genezende kracht van planten, gebed en profetische actie.

---

16. https://shop.ingramspark.com/b/084?params=5E4v1tHgeTqOOuEtfTYUzZDzLyXLee30cqYo0Ov9941

https://shop.ingramspark.com/b/
084?params=xkZMrYcEHnrJDhe1wuHHYixZDViiArCeJ6PbNMTbTux
https://www.amazon.com/dp/B0FHJT42TK

**ANDERE BOEKEN ZIJN** te vinden op de auteurspagina
https://www.amazon.com/stores/Ambassador-Monday-O.-Ogbe/author/B07MSBPFNX

# BIJLAGE (1-6): HULPMIDDELEN VOOR HET BEHOUDEN VAN VRIJHEID EN DIEPERE BEVRIJDING

# BIJLAGE 1: Gebed om verborgen hekserij, occulte praktijken of vreemde altaren in de kerk te ontdekken

"*Mensenkind, zie je wat ze in de duisternis doen...?*" — Ezechiël 8:12
"*En heb geen gemeenschap met de onvruchtbare werken van de duisternis, maar ontmasker ze veeleer.*" — Efeziërs 5:11

Gebed om onderscheidingsvermogen en blootstelling:

Heer Jezus, open mijn ogen om te zien wat U ziet. Laat elk vreemd vuur, elk geheim altaar, elke occulte operatie die zich achter kansels, banken of praktijken verbergt, aan het licht komen. Verwijder de sluiers. Onthul afgoderij vermomd als aanbidding, manipulatie vermomd als profetie, en perversie vermomd als genade. Zuiver mijn lokale gemeente. Als ik deel uitmaak van een gecompromitteerde gemeenschap, leid mij dan in veiligheid. Richt zuivere altaren op. Reinig handen. Heilige harten. In Jezus' naam. Amen.

# BIJLAGE 2: Protocol voor mediaverzaking en -reiniging

"*Ik zal geen kwaad voor mijn ogen stellen...*" — Psalm 101:3

**Stappen om uw medialeven te zuiveren:**

1. **Controleer** alles: films, muziek, games, boeken, platforms.
2. **Vraag:** Verheerlijkt dit God? Opent het deuren naar de duisternis (bijvoorbeeld horror, lust, hekserij, geweld of new age-thema's)?
3. **Afstand doen van** :

Ik verwerp elke demonische poort die door goddeloze media wordt geopend. Ik verbreek mijn ziel van alle zielsbanden met beroemdheden, makers, personages en verhaallijnen die door de vijand worden aangestuurd.

1. **Verwijderen en vernietigen** : verwijder inhoud fysiek en digitaal.
2. **Vervang** door goddelijke alternatieven: aanbidding, leringen, getuigenissen, gezonde films.

# BIJLAGE 3: Vrijmetselarij, Kabbala, Kundalini, Hekserij, Occulte Verzaking Script

"*Heb niets te maken met de vruchteloze werken van de duisternis...*" — Efeziërs 5:11

**Zeg hardop:**

In de naam van Jezus Christus verwerp ik elke eed, elk ritueel, elk symbool en elke inwijding in enig geheim genootschap of occulte orde – bewust of onbewust. Ik verwerp alle banden met:

- **Vrijmetselarij** – Alle graden, symbolen, bloededen, vloeken en afgoderij.
- **Kabbala** – Joodse mystiek, Zohar-lezingen, aanroepingen van de levensboom of engelenmagie.
- **Kundalini** – opening van het derde oog, yoga-ontwaken, slangenvuur en chakra-uitlijning.
- **Hekserij en New Age** – Astrologie, tarot, kristallen, maanrituelen, zielsreizen, reiki, witte of zwarte magie.
- **Rozenkruisers , Illuminati, Skull & Bones, Jezuïeteneden, Druïdenordes, Satanisme, Spiritisme, Santeria, Voodoo, Wicca, Thelema, Gnosticisme, Egyptische mysteries, Babylonische rituelen.**

Ik verbreek elk verbond dat namens mij is gesloten. Ik verbreek alle banden in mijn bloedlijn, in mijn dromen of via zielsbanden. Ik geef mijn hele wezen over aan de Heer Jezus Christus – geest, ziel en lichaam. Laat elke demonische poort permanent gesloten worden door het bloed van het Lam. Laat mijn naam gereinigd worden van elk duister register. Amen.

# BIJLAGE 4: Gids voor het activeren van zalfolie

"*Is iemand onder u in nood? Laat hij dan bidden. Is iemand onder u ziek? Laat ze dan de ouderlingen roepen... en zalven hem met olie in de naam van de Heer."* — Jakobus 5:13-14

**Hoe je zalfolie kunt gebruiken voor bevrijding en heerschappij:**

- **Voorhoofd** : Vernieuwing van de geest.
- **Oren** : De stem van God onderscheiden.
- **Buik** : Reinigt de zetel van emoties en geest.
- **Voeten** : Wandelen naar het goddelijke lot.
- **Deuren/Ramen** : spirituele poorten sluiten en huizen reinigen.

*Verklaring tijdens de zalving:*

"Ik heilig deze ruimte en dit vat met de olie van de Heilige Geest. Geen enkele demon heeft hier rechtmatige toegang. Laat de glorie van de Heer op deze plaats wonen."

**BIJLAGE 5: Verzaking van het derde oog en bovennatuurlijk zicht vanuit occulte bronnen**

**Zeg hardop:**

In de naam van Jezus Christus doe ik afstand van elke opening van mijn derde oog – of het nu door trauma, yoga, astrale reizen, psychedelica of spirituele manipulatie is. Ik vraag U, Heer, om alle illegale portalen te sluiten en ze te verzegelen met het bloed van Jezus. Ik laat elk visioen, inzicht of bovennatuurlijk vermogen los dat niet van de Heilige Geest kwam. Laat elke demonische waarnemer, astrale projector of entiteit die mij in de gaten houdt, verblind en gebonden zijn in Jezus' naam. Ik kies zuiverheid boven macht, intimiteit boven inzicht. Amen.

# BIJLAGE 6: Videobronnen met getuigenissen voor spirituele groei

1) begin vanaf 1,5 minuut - https://www.youtube.com/watch?v=CbFRdraValc

2) https://youtu.be/b6WBHAcwN0k?si=ZUPHzhDVnn1PPIEG

3) https://youtu.be/XvcqdbEIO1M?si=GBlXg-cO-7f09cR[1]

4) https://youtu.be/jSm4r5oEKjE?si=1Z0CPgA33S0Mfvyt

5) https://youtu.be/B2VYQ2-5CQ8?si=9MPNQuA2f2rNtNMH

6) https://youtu.be/MxY2gJzYO-U?si=tr6EMQ6kcKyjkYRs

7) https://youtu.be/ZW0dJAsfJD8?si=Dz0b44I53W_Fz73A

8) https://youtu.be/q6_xMzsj_WA?si=ZTotYKo6Xax9nCWK

9) https://youtu.be/c2ioRBNriG8?si=JDwXwxhe3jZlej1U

10) https://youtu.be/8PqGMMtbAyo?si=UqK_S_hiyJ7rEGz1

11) https://youtu.be/rJXu4RkqvHQ?si=yaRAA_6KIxjm0eOX

12) https://youtu.be/nS_Insp7i_Y?si=ASKLVs6iYdZToLKH

13) https://youtu.be/-EU83j_eXac?si=-jG4StQOw7S0aNaL

14) https://youtu.be/_r4Jyzs2EDk?si=tldAtKOB_3-J_j_C

15) https://youtu.be/KiiUPLaV7xQ?si=I4x7aVmbgbrtXF_S

16) https://youtu.be/68m037cPEu0?si=XpuyyEzGfK1qWYRt

17) https://youtu.be/z4zlp9_aRQg?si=DR3lDYTt632E96a6

18) https://youtube.com/shorts/H_90n-QZU5Q?si=uLPScVXm81DqU6ds

---

1. https://youtu.be/XvcqdbEIO1M?si=GBlXg-c-O-7f09cR

# LAATSTE WAARSCHUWING: Je kunt hier niet mee spelen

Bevrijding is geen vermaak. Het is oorlog.
Verzaking zonder berouw is slechts lawaai. Nieuwsgierigheid is niet hetzelfde als roepen. Er zijn dingen waar je niet zomaar van herstelt.

Dus overweeg de kosten. Wandel in reinheid. Bewaak je poorten.
**Want demonen respecteren geen lawaai – alleen autoriteit.**

www.ingramcontent.com/pod-product-compliance
Lightning Source LLC
Chambersburg PA
CBHW050339010526
44119CB00049B/612